花林散策

스님이 한시(漢詩)로 들려주는 소소한 삶의 이야기
花林散策 화림산책

개정증보판 1쇄 인쇄 2025년 7월 31일
개정증보판 1쇄 발행 2025년 8월 25일

지은이 강대인

펴낸이 김윤희
디자인 방혜영 배종윤

펴낸곳 맑은소리맑은나라
주소 부산광역시 수영구 좌수영로 125번길 14-3 올리브센터 2층
전화 051-255-0263 **팩스** 051-255-0953
이메일 puremind-ms@hanmail.net
출판등록 2000년 7월 10일 제 02-01-295 호

ISBN 979-11-93385-21-0 03810
값 27,000원

저작권 법에 따라 이 책의 내용 중 어떤 것도 무단 복제와 배포할 수 없으며,
내용의 일부 또는 전부를 재사용하려면 반드시 묵암 지선스님과 맑은소리맑은나라 동의를 얻어야
합니다.
이 책의 저작권은 묵암 지선스님에게 있습니다.

花林散策

스님이 한시漢詩로 들려주는 소소한 삶의 이야기

묵암 강대인 지음

맑은소리
맑은나라

인사말

　이번에 한시집 『화림산책花林散策』, 부제副題로 '스님이 한시로 들려주는 소소한 삶의 이야기' 개정 증보판 1쇄를 출간하게 되었습니다. 이미 출간하였던 『화림산책』에는 한시가 373수 수록되었습니다.

　그 373수에 35수를 추가로 수록하여 개정증보판 1쇄를 발행하게 된 것입니다.

　저자가 이번에 『화림산책』 한시집 408수를 출간하여 독자제현에게 보여드리지만, 이 한시들은 한시작법에 의거하여 지어진 한시라고 할 수는 없습니다.
　다만 운과 대구 정도만 맞추어 지었을 뿐입니다.

　한시를 좋아하는 독자제현은 한시 작법의 형식에 의거하여 보지 마시고 한시 전체의 뜻을 음미해 주시길 은근히 기대하고 소망합니다.

부록으로 중국 고시古詩 몇 편을 수록하였습니다.

그리고 저자가 여기 부록에 한시 짓는 법을 간단히 해설해 수록하였습니다.

독자제현의 한시작법 기초 이해에 도움이 되기를 바랍니다. 전문 한시작법은 전문 서적을 보시기를 권장하여 드립니다.

2025년 07월 30일
울산 함월산 백양사 염화실에서
주지 묵암 지선(강대인) 쓰다.

서문序文

    이 한시집漢詩集 『화림산책花林散策』은 전문專門 한시漢詩 작가作家로서 지은 한시漢詩가 아닙니다. 한시漢詩 작법作法의 규칙에는 많이 부족한 한시漢詩들입니다.
    다만, 일상 속에서 가끔씩 취미로 시작詩作을 하였을 뿐인데, 시를 쓰다 보니 이렇게 408편의 한시漢詩가 모아지게 되었습니다.
    여기에 수록된 시詩들은 일상 속 삶의 이야기와 찰나찰나 자연 속에 살아가면서 느끼는 감상들을 읊었으며, 때로는 수선修禪 납자衲子로 정진精進 여가餘暇에 짓기도 하였습니다.
    절을 운영하며 대중포교大衆布敎의 여가餘暇에 당시의 감흥感興을 읊기도 하였습니다. 살면서 겪은 고뇌苦惱의 편린片鱗도 시詩가 되었습니다.
    제방諸方의 도반道伴들과의 만남, 그리고 산사山寺와 시가市街를 왕래하면서 좋은 현자賢者들을 만나고 교류하며 느끼는 생각들을 현장에서 즉흥卽興적으로 짓기도 하였습니다.
    때로는 팔도강산八道江山을 만행萬行하며, 남도南道섬 추자도楸子島

에서 읊기도 하고, 어느 날은 동해의 화진포花津浦와 강릉의 송도해변 등을 걸으며 시詩를 짓기도 하였습니다.

특히 사하촌寺下村에 머무는 정상일 거사와 김이동 거사와 가끔 자리를 함께하면서 곡차穀茶와 다담茶談을 나누며 교류交流할 때 두 거사居士가 지은 한시漢詩에 저자著者가 차운次韻하기도 하였습니다. 두 거사의 격조格調 높은 한시漢詩에 많은 배움이 있었습니다.

그리고 근년近年에는 해제解制 때 월문선사月門禪師와 만행萬行하는 여가餘暇에 선사禪師로부터 고시古詩 몇 편을 받아 보면서 다시 시심詩心이 깊어졌습니다.

시심詩心이 곧 선심禪心이요, 선심禪心이 곧 시심詩心이니 시詩와 선禪이 둘이 아닌 일체一體입니다. 이와 같이 시詩와 선禪이 둘이 아닌 일체一體이니 날마다 동정動靜과 오매寤寐에 여여如如하고 환희歡喜가 충만합니다.

여기에 수록된 모든 한시漢詩와 한글 번역飜譯은 오로지 저자著者의 관점觀點에서 시작詩作하고 풀이한 것입니다. 그래서 독자讀者의 관점觀點과 해석解釋에 따라 한시漢詩와 한시漢詩의 풀이가 다르게 될 수도 있겠습니다.

　부록으로 평소 좋아했던 고시古詩 몇 편을 실어서 격조格調 높은 고시인古詩人들의 시흥詩興을 독자제현讀者諸賢과 함께 흠뻑 느끼고자 합니다.

　그리고 저자著者가 한시漢詩 작법作法의 기본基本을 간략簡略히 정리해서 실었습니다. 오언절구五言絶句, 칠언절구七言絶句와 율시律詩를 지을 때 대구對句와 운韻 맞추기와 정情과 경景, 또는 경景과 정情을 맞추는 규칙規則 등을 간략히 정리해서 부록 편에 실었습니다.

　전문적專門的인 한시漢詩 작법作法에 관심 있는 독자제현讀者諸賢은 고현달사古賢達師의 서적書籍을 참고하시고, 전문서적專門書籍을 보시면 되겠습니다.

　이렇게 해서 모은 졸시拙詩 화림산책花林散策, 부제副題로 '스님이 한시漢詩로 들려주는 소소한 삶의 이야기'를 강호제현江湖諸賢과 인연 있는 분들에게 두근거리는 마음으로 헌정獻呈합니다.

아울러 한시집『화림산책花林散策』개정 증보판이 나오기까지 기획과 편집을 맡아주신 도서출판 맑은소리맑은나라 김윤희 대표와 임직원, 그리고 한시집 발간을 위해 격려와 후원을 아낌없이 해 주신 〈(주)후세메닉스〉 최록일 회장님께 감사한 마음 전합니다. 또한, 마하금강사 김근옥 신도회장님을 비롯해 많은 신도님들의 격려와 성원에 감사드립니다.

더불어 신비롭고 아름답고 불가사의함으로 가득 찬 무한한 우주의 지구별에 태어나 함께 호흡하고 상호공존相互共存하는 모든 인연因緣에 감사합니다.

해와 달과 바람과 구름과 산과 바다와 세계시민과 모든 존재에 한없는 경의를 표하며, 한 호흡, 한 호흡마다 살아있으매 천지자연의 은혜에 감사합니다.

　지구별 속에 세계시민이 상호공존相互共存을 깊이 성찰省察하여 자유와 정의와 평화와 행복이 더욱 군건해지고 자연과 인간이 상호공존하며 이 세상이 지속가능한 지상낙원地上樂園이 되길 소망합니다.

　일만 년의 역사 속에 한민족으로 살아온 우리 민족, 우리 조국인데, 해방 이후 남북 분단과 동족상잔同族相殘의 처절한 고통을 지나 오늘날 분단된 나라로 70여 년의 세월이 지났습니다.

　남북이 당장은 평화통일은 실현이 불가능하지만 서로가 체제를 인정하고, 서로를 이해하며 끊임없이 소통하고 문화교류, 경제교류, 평화교류 등을 지속하다보면 언젠가는 우리 한민족은 다시 하나 된 통일 조국에서 동방의 등불로 세계평화에 크게 기여하게 될 것입니다.

　누구나 꿈꾸는 세상이 있고 누구나 꿈꾸는 소망이 있습니다. 그러나 한민족이 함께 꿈꾸는 세상, 함께 꿈꾸는 소망은 자유와 민주와 정의와 평화와 복지를 온전히 누리는 세상이며, 평화 통일된 통일 조국 대한민국입니다.

    그리고 세계 도처到處의 음지陰地에서 전쟁과 자연재해와 기아와 질병 등으로 고통 받고 있는 사해동포四海同胞들에게 십시일반十匙一飯의 정성으로 따뜻한 사랑과 자비의 손길을 함께해 가는 것입니다.

    궁극窮極에는 지구촌이 전쟁 없는 평화의 세상으로 빨리 이루어지길 꿈꾸고 소망합니다.

함월산 백양사 염화실拈華室에서
화림산책 408수 개정 증보판 1쇄를 발간하면서
2025년 7월 30일
지은이 묵암 지선
강대인 姜大仁

화림산책 해설花林散策 解說

　　시詩란 해맑음의 정수精髓이다. 그 해맑음은 인생의 정관淨觀에서 나오고 지취旨趣는 소박素朴에서 숨 쉬는 것이다. 소동파蘇東坡,1036-1101는 '청신淸新'을 얻어야 시가 시답게 된다고 하였다. 청신은 해맑음의 뜻이다. 시인이 청신을 추구하나 천연서정시天然抒情詩에 합동하지 못하는 것은 인생의 본래本來에 계합契合하지 못하고 그 대략을 어렴풋이 간취하여 제멋대로 이해한 까닭이다. 동서고금에 인생에 대해 구구한 설해說解가 있으나, 인생에 별다른 길이 있는 것이 아니다. 장자가 이른다. "방생방사方生方死 방사방생方死方生"이라, 태어난 것은 반드시 죽게 되고, 죽은 것은 반드시 태어나게 된다는 의미이다. 이 말 가운데서 새겨 얻은 바가 있는 이는 인생의 근원탐구에 전력을 다할 것이다. 세상은 늘 성주괴공成住壞空 속에 있고, 사람들은 생노병사生老病死 속에서 제각기의 목표와 시달림의 번뇌를 자기 집으로 여기며 살아가고 있지 않은가. 그 가운데 대개의 인생 행로에 걸림돌이 되는 것은 탐진치貪瞋痴의 병상病相이다. 명예와 권력과 안락의 욕망이 인생의 해맑음을 어둡게 하는 것이다. 만약 탐진치 지우기에 힘쓰는 이가 있다면 그는 참사람의 해맑음에 나아가고자 하는 인물이라 하겠다. 황산곡黃山谷,1046-1125은,

"시詩가 청신淸新을 얻고자 하면 점철성금點鐵成金의 수련이 따라야 한다."

고 하였다. 점철성금은 쇠를 연마하여 금으로 만든다는 뜻이라, 일상日常의 사시四時와 백물百物의 변화와 부침浮沈하는 인간사 속에서 불변의 해맑음을 꿰어 볼 수 있어야 한다는 의미이다. 누가 그렇게 할 수 있는가? 채근담菜根譚을 지은 홍자성이 말한다.

"물은 물결이 일지 않으면 저절로 고요하고, 거울은 티끌이 묻어 흐리지 않으면 스스로 맑아진다. 그러므로 마음을 맑게 하려고 애쓸 필요가 없다. 그 흐리게 하는 것을 없애면 맑음이 스스로 나타날 것이요, 그 괴롭게 하는 것을 없애면 그 즐거움이 스스로 있게 될 것이다."

고 하였다. 홍자성이 약간의 견처가 있다고 하겠다. 그런고로 시가 해맑음과 즐거움常樂에 거처하게 되는 것은 시인의 자품資品과 수양修養에 있는 것을 알 수 있다. 세속에서 도연명陶淵明의 일구,

彩菊東籬下(채국동리하) 동쪽 울타리 아래서 국화를 따다가
悠然見南山(유연견남산) 유연히 남산을 바라보네.

에 은일隱逸의 한미閑味가 있다 하고, 이백李白의 산중음山中吟,

    問余何事棲碧山(문여하사서벽산)
          무슨 일로 푸른 산에 사느냐 묻노니
    笑而不答心自閑(소이부답심자한)
          웃으며 답 아니하노니 마음 스스로 한가 하다네.

한마디에 세상에서 영명寧明한 선비의 측해測解가 보인다고 한다. 도연명과 이백이 세상 속에서 망세忘世의 뜻을 지녔음을 볼 수 있다고 하겠다. 그들의 한거閑居가 중니한거仲尼閑居와 같지 않지만 세속에서 귀히 여기는 것은 사실이다.

    묵암默庵 지선志禪 스님은 근세의 선장禪丈이신 경봉정석鏡峰靖錫, 1892-1982선사의 법제자인 벽안碧眼,1901-1988화상의 문인이다. 종범스님이 경봉 - 벽안 - 묵암으로 법맥이 이어졌다고 대중에게 선언한 바 있다. 묵암스님은 평생을 수선修禪에 거처하고 때로 포교布敎에 힘을 기울인 선자禪者이다. 그런데 방선放禪의 여가에 드문드문 한시漢詩를 지었다고 한다. 그렇게 지은 한시가 사백여 편이 된다. 필자는 묵암스님과 일면식이 없으나 절집의 나그네를 통해 한시漢詩

에 취미가 깊다는 소식을 들은 바 있었는데, 금번 출판사를 통해 '화림산책花林散策'의 원고를 읽어보게 되었다. 스님은 한시집의 내용을 스스로 '소소한 삶의 이야기'라 평했다. '가랑비는 청산을 지나고'에 소박素朴이 피어나고, '지구촌의 평화를 기원함'에 해행보살解行菩薩의 기운이 보이며, '서툰 듯 읊는 벗들과의 만남'에는 세속의 정情 속에 청정각명淸淨覺明의 빛이 드러나는 것을 볼 수 있다고 하겠다. 묵암의 시 가운데 한 편을 음미한다. 제목은 '화림동산花林東山의 일상日常'이다.

花林東山迎曉日(화림동산영효일)
　　　　꽃 숲 동산에 새벽을 맞이하거니
春鳥鳴聲響林間(춘조명성향림간)
　　　　봄 새 노래가 숲에 가득하도다.
樓碧茅屋喫茶中(누벽모옥끽다중)
　　　　푸르름 가득한 초가에서 차 마시나니
廳下猫兒啼間間(청하묘아제간간)
　　　　마루 밑 어린 고양이가 간간이 야옹거리누나.

에서 무정한음無情閑吟의 기미機微가 보인다. 불가佛家의 종지宗旨는 무심無心이다. 무정과 무심은 같은 뜻이다. 해오解悟란 무심無心에 의심이 없이 합동하는 것이요, 증오證悟란 무심에 계합契合하는 것이다. '화림동산花林東山의 일상日常'에는 무정無情의 기미機微가 은근히 배어나온다. 묵암默庵의 오처奧處를 알 수 없으나 천진天眞의 일상이 묵암默庵에게 깃들어 있는 것으로 보이는 것이다. 만약 일상日常의 동용주선動容周旋에 공적영지空寂靈知가 성성惺惺하다면 대지大地가 모습을 잃고 허공虛空이 빛을 감출지니, 어둠이 몸을 바꿔 밝음으로 드러나서 천계만사량天計萬思量이 힘을 쓸 곳을 잃을 것이다. 이 바름인가? 이 그르침 인가? 묵암의 시심詩心이 대적경안大寂輕安을 향하고 있음을 보았다고 하겠다. 번역은 읽는 이의 몫이라 우愚가 조금 다듬어 보았다. '끽차喫茶'를 '철차啜茶'로 바꾸어 읽으면 소리가 편안 할 듯하다. 아무튼 지금 세상에 한시漢詩의 격조格調로써 인생을 담아내는 묵암의 기절奇節은 귀한 발걸음이다.

    묵암默庵의 한시가 정련精練을 거듭하여 왕유王維와 설잠雪岑의 한유시閑遊詩와 어깨를 나란히 할 때가 있을 것이라 기대한다. 아래에 왕유와 설잠의 수천구首天句를 옮기며 췌언贅言을 그치고자 한다.

- 왕유 -

藍溪白石出(남계백석출) 쪽빛 계곡에 흰 돌 드러나고
玉川紅葉稀(옥천홍엽희) 옥빛 시내에 붉은 낙엽 드문드문
山路元無雨(산로원무우) 산길에 원래 비가 없었는데
空翠濕人衣(공취습인의) 허공의 푸르름이 옷을 적시누나.

- 설잠 -

一瓶一鉢無心老(일병일발무심로)
      물병과 발우 하나로 무심히 늙어가나니
萬水千山得意回(만수천산득의회)
      만수천산 떠돌다 무심알고 돌아 왔다네
自怪俗人渾不到(자괴속인혼부도)
      속인들은 이 경지 알지 못하나니
春風養却綠莓苔(춘풍양각록매태)
      봄바람은 파아랗게 이끼를 키우누나.

檀紀 4358(2025)年 7月 30日 仲夏
碧峙病叟 노치허 識

감회感懷 · 1

화림산책花林散策 출간出刊의 감회

소소小小한 언어言語가 시문詩文을 이루어서
한 글자 한 글자, 구절句節 구절句節마다 꽃향기 머금었네.
408수의 시가 마음의 밭(심전心田)에서 피어나
시집이 출간出刊되니 감회感懷가 새롭네.

小小言語成詩文 (소소언어성시문)
字字句句含香薰 (자자구구함향훈)
四百八首開心田 (사백팔수개심전)
詩集出刊新感隕 (시집출간신감운)

감회感懷 · 2

화림산책花林散策 출간出刊의 감회

꽃수풀花林 산책길散策路에
봄꽃春花이 만발滿發하네.
정원에 시詩를 새긴 시화판詩畫板을 세우고
지음知音의 친구와 서로 만나길 기대하네.

花林散策路 (화림산책로)
春花爛漫開 (춘화난만개)
庭園詩板立 (정원시판립)
知音相逢待 (지음상봉대)

감회感懷 · 3

건곤일척乾坤一擲의 인연을 만나다

두 가지 마음 없이 오직 지혜(보리菩提)를 얻고자
정진한 지 육십년의 세월을 전심전력全心全力, 한 마음으로 달려왔네.
본사本寺의 주지스님이 나를 중요한 직책에 추천하니
건곤일척乾坤一擲의 마음으로 능히 나의 임무로 받아들였네.
이판理判 수행승과 사판事判 포교승이 본래 차별이 없는 것이고
들어가는 곳, 서 있는 곳이 곧 진리요, 공덕의 총림叢林이라네.
삼보三寶에 귀명歸命하고 항상 자신의 마음을 돌이켜 비춰가니
함월산 백양사에 불심광명佛心光明이 빛나네.

逢乾坤一擲之因緣 (봉건곤일척지인연)

唯進菩提無兩心 (유진보리무양심)
六十星霜盡全心 (육십성상진전심)
本寺推薦我重職 (본사추천아중직)
乾坤一擲能自任 (건곤일척능자임)
理判事判本無差 (이판사판본무차)
入處卽眞功德林 (입처즉진공덕림)
歸命三寶心返照 (귀명삼보심반조)
含月白楊輝佛心 (함월백양휘불심)

목 차

『화림산책花林散策』에 수록된 한시漢詩는 모두 408수이다.

인사말 ··· 6
서문 ··· 8
화림산책 해설 ··· 14

제 1부 / 일상 이야기 (1) · 45수

지금, 이 순간 깨달아라 **35** / 눈 내리는 바다 **36** / 따뜻한 봄이 오네 **37** / 따뜻한 봄 **38** / 한 해가 저무는 기망旣望의 하늘에 · 1 **39** / 한 해가 저무는 기망旣望의 하늘에 · 2 **40** / 연청에 답하다(연청 현판을 걸고) **41** / 연청燕廳 **42** / 답연청答燕廳 **43** / 연청시선의 세한 서신에 답하다 **44** / 한 해가 저무는 때 혼자 술 마시다 **46** / 답세모독작答歲暮獨酌 **48** / 술친구 찾아왔네 **50** / 오사카 통천사 불자님을 만나고 **51** / 햇무리 **53** / 만추晩秋의 단상斷想 **54** / 음악실의 일상사日常事 · 1 **55** / 음악실의 일상사日常事 · 2 **56** / 자가격리自家隔離 **57** / 서류를 정리하고 우연히 읊다 **58** / 서설絮雪에 차운次韻하다 **59** / 서설絮雪 **60** / 서설에 차운하다 **61** / 부처님의 위신력 가피 **62** / 화실畫室의 일상사日常事 · 1 **63** / 화실畫室의 일상사日常事 · 2 **64** / 도반道伴을 만나다 **65** / 도반道伴이 남쪽에서 찾아왔네 67 / 노래 한 곡 부르다 68 / 영축산의 도반道伴이 왔네 69 / 영축산의 오랜 도반道伴 70 / 마주 대하여 술을 마시다 71 / 태풍 피해가 없기를 바라며 72 / 오늘 아침에 73 / 회갑 날에 읊다 74 / 여여 김이동 시인의 시 '설촌'에 차운하다 75 / 설촌雪村 76 / 여여의 '설촌'에 차운하다 77 / 눈 내리는 밤 78 / 모주유정暮酒有情에 차운하다 79 / 저녁 술잔을 들며 80 / 상서祥瑞로운 광명을 널리 일체중생과 나누리라 81 / 심금心琴을 울리네 83 / 옛친구와 함께 84 / 가을 풍광風光 85

제 2부 / 일상 이야기 (2) · 33수

허난설헌의 시 '규정'에 차운하다 89 / 봄날은 가네 90 / 봄 정취 머금었네 91 / 봄눈 92 / 봄뜰 93 / 봄밤에 94 / 봄비 내리는 날 95 / 천년 석탑 96 / 철새 97 / 봄비(春雨)가 내리네 98 / 봄의 정취情趣 99 / 동해 송정해변에서 100 / 오사카 통천사에서 101 / 선지대사 고희기념 오사카(大阪) 여행 102 / 화수정 온천에서 103 / 패러글라이딩 활공장滑空場에서 104 / 추석날에 105 / 무심만 깊어가네 106 / 진도에서 107 / 묵은해를 보내고 새해를 맞이함 108 / 미묘한 소리 109 / 바람소리 풍경소리 110 / 밤에 들길을 걸으며 111 / 소적蕭寂한 암자에서 113 / 산 속에 살며 날마다 하는 일·1 114 / 산 속에 살며 날마다 하는 일·2 115 / 산 속에 살며 날마다 하는 일·3 116 / 숯불을 보며 117 / 밤길 118 / 유채씨 뿌리다·1 119 / 유채씨 뿌리다·2 120 / 마을의 주연酒宴 121 / 시월 상달 123

제3부 / **일상 이야기 (3)** · 26수

영축산의 하룻밤 인연·1 **127** / 영축산의 하룻밤 인연·2 **128** / 무심히 자다 **129** / 여름날에 **130** / 팔공산 연회宴會·1 **131** / 팔공산 연회宴會·2 **132** / 밤 줍기 **133** / 망폭정과 청우헌 **134** / 열정산악회 축하연 **135** / 두견화(진달래꽃) **136** / 가랑비 내리는 날 **137** / 가랑비는 청산을 지나고 **139** / 가을 물, 높은 하늘 **140** / 가을 하늘이 푸른 바다와 같네 **141** / 고기잡이배의 등불 **142** / 구름 나그네 **143** / 산사의 풍경 **144** / 이태원 참사 영가의 명복을 빕니다 **145** / 동안거일에 **147** / 삼성반월교三星半月橋에서 **149** / 붉은빛 토吐하는 석양 **150** / 일상카페 **151** / 석양 **152** / 입춘을 기다리며 **153** / 별빛 **154** / 비바람 부는 밤에 **155**

제4부 / **일상 이야기 (4)** · 12수

풍경소리 **159** / 춘난화풍 **160** / 춘설春雪 **161** / 초승달 **162** / 부엉이 소리 들으며 **163** / 자야독작에 차운하다 **165** / 자야독작子夜獨酌 **166** / 옛 집에 비친 가을 달 **167** / 겨울의 푸른 하늘 **168** / 달이 뜨네 **169** / 입춘맞이 **170** / 봄소식을 기다리며 **171**

제5부 / **자연과 더불어 (1)** · 32수

산야 초목이 법화의 세계이네 **175** / 온 산이 붉게 물들어 **176** / 우연히 읊다·1 **177** / 우연히 읊다·2 **178** / 공작산의 풍경 **179** / 행선行禪을 마치다 **180** / 모악산 금산사에서·1 **181** / 모악산 금산사에서·2

182 / 별을 보며 183 / 가을날 아침 안개 184 / 눈꽃 경치 185 / 눈송이 186 / 지금 당장이 선정禪定일세 187 / 백아와 종자기가 어찌 옛날에만 있었으랴 188 / 천불천탑 운주사 189 / 내 마음은 190 / 선승禪僧의 시심詩心 191 / 하늘에 통하다 192 / 추자도 여행 193 / 파랑새 195 / 백설白雪 위의 백로 196 / 물방울 197 / 화림산책(꽃밭을 산책하다) 198 / 손곡의 시, '대화탄노'를 보고 차운次韻하다 199 / 대하탄노對花歎老 200 / 수락산 용굴암을 회고하다 201 / 대학 동기를 추억하며 202 / 낙조落照 203 / 자장홍매 204 / 기러기가 전해주는 편지 205 / 별이 빛나는 밤 206 / 봄 산이 미소 짓네 207

제 6부 / 자연과 더불어 (2) · 31수

석양의 노을 211 / 어젯밤에 눈 내리다 212 / 활짝 핀 벚꽃 213 / 오늘의 감회感懷 214 / 겨울밤에 216 / 역병疫病이 빨리 사라지길 바라네 217 / 석양夕陽 218 / 곡차와 구름과 달을 드리네 219 / 야반夜半에 220 / 동해로 가다가 221 / 만추晩秋의 연회宴會 · 1 222 / 만추晩秋의 연회宴會 · 2 224 / 서해 낙조落照 · 1 226 / 서해 낙조落照 · 2 227 / 금당도 · 1 228 / 금당도 · 2 229 / 석양의 붉은 빛 230 / 옛 도반과 만나다 231 / 누각樓閣에서 232 / 강화도 보문사에서 233 / 청련사 · 1 234 / 청련사 · 2 235 / 청련사 · 3 236 / 조계의 시원지始源地 237 / 수타사에서 · 1 238 / 수타사에서 · 2 239 / 조사祖師의 뜰에서 240 / 도의국사 선탑에서 241 / 해질녘 조사의 뜰에서 242 / 시흥詩興 243 / 불탑佛塔의 물때(수구水垢)를 씻어내고 244

제 7부 / 자연과 더불어 (3) · 16수

특별한 맛의 어탕 국수 **247** / 두 신선神仙의 시에 화답하다 **248** / 능운凌雲의 두 친구가 술을 마시다 **249** / 능운대凌雲台 **250** / 소년으로 돌아가다 **251** / 화진포에서 **252** / 천고千古를 감추다 **253** / 깊은 밤의 노래 **254** / 낙서落書 **255** / 정동진 유람 **257** / 정동진 풍광 **259** / 회고回顧 **260** / 객실客室 창가에서 **261** / 섬진강에서 **262** / 달천강에서 **263** / 숲속의 노래 **265**

제 8부 / 시절인연時節因緣 (1) · 35수

면벽관심 **269** / 삼소三笑 **270** / 진신사리 자비광명 **271** / 진전사에 도착해서 **272** / 황시백 시비詩碑 앞에서 **273** / 청련사(강화도) **274** / 대자암 무문관에 오르다 **275** / 푸른 바다를 바라보며 **276** / 푸른 하늘의 철새 **277** / 극락암 선불장 **278** / 연꽃 그림(청련화靑蓮畫)을 받고 **279** / 남도南道를 여행하며 **280** / 월문 정묵선사月門 正黙禪師 **282** / 구일 정현선사 **284** / 아침의 붉은 해 **286** / 미묘화 불자(신축년 삼동결제일) **287** / 백두산 천지에서 · 1 **288** / 백두산 천지에서 · 2 **289** / 백두산 천지에서 · 3 **290** / 백두산 천지에서 · 4 **291** / 미묘화 불자의 마음달 **292** / 영웅英雄 **293** / 신령스런 광명 **294** / 금빛 모래 위를 같이 걸었네 **295** / 꿈속에서 **297** / 백기완 선생의 별세 **299** / 설경과 봄기운 **300** / 울산 신흥사에서 **301** / 세 성씨姓氏를 가진 좋은 여인들 **302** / 시불, 시선, 시성의 시편詩篇 **303** / 우주宇宙와 인생人生 **304** / 영한대사 청공英旱大師 淸供 **306** / 불이암不二庵에서 **308** / 처음 서로 만난 인

연을 회상하며 310 / 달마산을 순례하며 312

제 9부 / 시절인연時節因緣 (2) · 30수

마음달이 뜨네 317 / 빛을 돌이키다 318 / 마음달이 홀로 드러나다 319 / 마음을 돌이켜 먹으면 321 / 마음의 등불·1 323 / 마음의 등불·2 325 / 불경佛經을 보며 자성自性을 보네 326 / 불교의 중도中道 327 / 대종사 사십구재 328 / 대춘사待春思에 차운하다 329 / 봄을 기다리며 330 / 해인海印의 노래 331 / 시월의 마지막 날 333 / 선사先師 추모일에 334 / 천관산에서 335 / 지음知音과 함께 337 / 일단법문 (선지대사가 지은 글) 338 / 시월에 차운次韻하다 339 / 시월十月 340 /인생의 길, 출세出世의 길 341 / 천리 먼 길을 가다 343 / 용문선원에서·1 344 / 용문선원에서·2 345 / 용문선원에서·3 346 / 등관작루에 차운하다 347 / 관작루에 올라서 348 / 내소사 지장암 시절을 회고하며 349 / 통도사 서운암에서 351 / 스승님을 추모하다 353 / 천등산 봉정사 354

제 10부 / 고향 소식 (1) · 37수

지금 여기가 정토이네 357 / 보경사에서 358 / 오대산 북대암에서 359 / 금강산 화암사에서 360 / 비바람이 청산에 내리네 361 / 설악산 진전사 362 / 마음광명이 비치네 363 / 마애불의 미소 364 / 춘소春蕭에 차운次韻하다 365 / 쓸쓸한 봄 366 / 지난 시절을 회고하며·1 367 / 지난 시절을 회고하며·2 369 / 지난 시절을 회고하며·3 371 /

지난 시절을 회고하며·4 373 / 지난 시절을 회고하며·5 375 / 해인사 소리길 377 / 봄날 난야蘭若에서 379 / 해인성지에서 380 / 가야산 381 / 시인의 하루 382 / 화장세계 383 / 고요히 비추네 384 / 옛사람이 걸어오네 386 / 오직 정진 387 / 오대산 적멸보궁 388 / 희양산 390 / 달마산 미황사에서 391 / 두타산 천은사 392 / 둥근달이 솟아오르네 394 / 본래인本來人 395 / 빈자일등貧者一燈·1 396 / 빈자일등貧者一燈·2 397 / 몸을 한 번 바꾸다·1 398 / 몸을 한 번 바꾸다·2 400 / 통도사백련암, 환성지안조사의 시, '춘일우음'에 삼가 차운하다 401 / 봄날 우연히 읊다 402 / 효암스님, 청강스님 두 종사宗師를 위하여 403

제11부 / 고향 소식 (2)·52수

범일국사 승탑(사리탑) 407 / 홀로 머물며 408 / 하안거 결제일에 (2021년) 409 / 학륵나 존자尊者의 게송을 보고 지은 시 411 / 제23조 학륵나 존자 게송 413 / 들구름 비상 414 / 미인과 해골 사진을 보고 415 / 비춰 봄(조견照見) 416 / 삼매三昧의 궁극窮極 417 / 삼소三笑를 전하네 418 / 새벽달의 미소 420 / 새벽하늘 421 / 스스로 쉬고 쉬다 422 / 은하수 빛나네 423 / 팔공산 천성암·1 424 / 팔공산 천성암·2 426 / 좋은 시절 427 / 다시 이 어떤 물건인가? 428 / 신축년 삼동결제일에 429 / 증도가證道歌를 보다가 430 / 봉암사에서 432 / 꿈에서 깸 433 / 야부 선사의 게송偈頌을 보고 434 / 한 물건 435 / 날마다 환희롭게 436 / 영축산의 가을 437 / 귀향歸鄕·1 438 / 귀향歸鄕·2 439

/ 옛날과 지금이 관통하네 440 / 깨달음은 한 순간이네 441 / 진리의 등불 442 / 한 물건이 홀로 드러나다 443 / 한 소식 444 / 자기 성품을 스스로 깨달아 445 / 새벽하늘에 별을 보며 446 / 조계종의 종찰宗刹 447 / 왕유王維의 잡시雜詩에 차운次韻하다 448 / 잡시雜詩 449 / 독작獨酌에 차운次韻하다 450 / 혼자 마시다 451 / 월하독작月下獨酌 452 / 조사祖師의 뜰에 송엽이 내리네 453 / 파주문월把酒問月을 보고 454 / 해와 달이 동시에 떴네 456 / 아무 일 없는 범부凡夫 457 / 봉암사 60일 용맹정진 458 / 봉암사 30일 용맹정진 460 / 동리산 태안사 하안거 461 / 통도사 극락암 동안거 462 / 오대산 상원사 하안거 463 / 태백산 유일사를 회고하며 465 / 태백산 정암사를 회고하다 467

제 12부 / 고향 소식 (3) · 25수

눈 내린 후 하늘이 푸르네 471 / 만약에 내게 도를 물어오면 472 / 백거이의 시詩 '학鶴'에 차운次韻하다·1 473 / 백거이의 시詩 '학鶴'에 차운次韻하다·2 474 / 벽안당 법인 대종사의 법문法門을 회고回顧하다 475 / 화림동산의 일상 477 / 좋은 벗, 우연히 만나다 478 / 봄날 우연히 읊다 480 / 환희로운 날 482 / 폭염 속 연꽃 향기 483 / 불청지우不請之友를 위하여 486 / 환희의 노래 488 / 인생통장·1 490 / 인생통장·2 492 / 천성산 금봉암金鳳庵에서 494 / 태백산 동암東庵에서 496 / 태백산 각화사와 동암을 찾아가다 498 / 성암 종범 대종사 법문 500 / 종범 대종사의 특별법문에 감사드리며 501 / 종범 대종사의 특별법문에 붙이다 503 / 향엄 정명선사에게 화답하다 505 / 서운암을 방문하다 506 / 함월산 백양사 산신각을 올라가면서 507 / 함월산 백양사에서 추석을 맞이하며 508 / 상호의존 509

제 13부 / 고향 소식 (4) · 34수

극락영지極樂影池에서 513 / 금빛 모래 위를 걷네 515 / 눈이 바람에 흩날리네 516 / 춘설을 바라보며·1 517 / 춘설을 바라보며·2 518 / 큰 일이 성취된 봄 519 / 통도사 3대 대종사 스님의 광림光臨을 환영하다 520 / 통도사 안양암에서 522 / 화광선사의 시에 답하다 523 / 안양동대安養東臺의 인연 525 / 섣달 그믐날에 527 / 세자매를 위하여 528 / 어진 벗을 위하여 529 / 월계사에서 노을을 바라보다에 차운하다 530 / 일본 쿄토와 오사카에서 534 / 정초正初기도 발원 538 / 지음知音을 만남 539 / 청신녀를 위하여 540 / 저녁 노을이 붉다 541 / 일본 조계종 고려사 윤암 선지스님 관장 추대 헌시 542 / 불청지우不請之友를 위하여 546 / 아침의 단상 548 / 달밤 549 / 감회 고려사 550 / 갑진년 입춘일 아침에 554 / 경주 아란야선원에서 556 / 대왕암에서 558 / 손녀의 나팔꽃 559 / '등관작루'에 차운하다 560 / 함월산 백양선원에서 562 / 쑥캐는 불자 564 / 꿈속의 어린왕자 565 / 봉황구름의 출현 567 / 신금강 내원사 시선에 차운次韻하다 569

부록 ··· 573

제 1 부

일상 이야기 (1)

지금,
이 순간 깨달아라

覺此時
(각차시)

인생의 일세一世가 순식간에 지나가네.
지난 세월 회고하니 진실로 이와 같구나.
벚꽃이 바람을 타고 날아 흩어지고 봄날은 가네.
남은 생애가 길다고 속지 말고 지금, 이 순간 깨달아라.

人生一世過瞬息 (인생일세과순식)
回顧往年眞如是 (회고왕년진여시)
櫻花風飛去春日 (앵화풍비거춘일)
不欺餘生覺此時 (불기여생각차시)

▷ 앵화櫻花 : 앵두나무의 꽃, 벚꽃.
▷ 풍비風飛 : 바람을 타고 날아 흩어짐.
▷ 차시此時 : 이때, 지금.

눈 내리는 바다

雪海 (설해)

짙푸른 하늘로 흰 갈매기 춤추며 날고
눈 내리는 바다에 푸른 파도 바위를 치고 흩어지네.
서로 뜻이 통하는 친한 벗과 서로 마주보며 웃고
술 한 잔 권하며 또 한 잔 하네.

蒼天白鷗演舞飛 (창천백구연무비)
雪海碧波擊巖散 (설해벽파격암산)
知己之友對面笑 (지기지우대면소)
勸酒一杯又一盞 (권주일배우일잔)

▷ 창천蒼天 : 맑게 갠 새파란 하늘.
▷ 연무演舞 : 춤을 추어 보임.
▷ 설해雪海 : 눈 내리는 바다.
▷ 일배一杯 : 한 잔.
▷ 일잔一盞 : 한 잔.

따뜻한 봄이 오네

來暖春
(래난춘)

금봉산에 따뜻한 봄이 오고

고요한 밤 깊은 산골에 부엉이 소리 울려 퍼지네.

벗을 만나 차담茶談의 향기가 방에 가득하고

서로 자성自性을 비추니 마음 광명이 빛나네.

金峯山中來暖春 (금봉산중래난춘)

寂夜幽谷響鴞鳴 (적야유곡향효명)

逢友茶談滿香堂 (봉우차담만향당)

相照自性輝光明 (상조자성휘광명)

▷ 금봉산金峰山 : 충북 음성군과 괴산군 지역에 있는 산.
▷ 자성自性 : 자성본불自性本佛의 준말. 본래 가지고 있는 진성眞性.
▷ 차담茶談 : 차 마시고 이야기 나눔.

따뜻한 봄

暖春
(난춘)

푸른 하늘에 솔개는 배회하며 살펴보고
강하江河에 물고기는 뛰어놀며 바쁘게 왕래하네.
산과 들에 초목은 따뜻한 봄을 그리워하고
돌계단에 꽃 잔디는 푸른빛으로 꾸미고 있네.

蒼天飛鳶徘徊瞻 (창천비연배회첨)
江河躍魚往來忙 (강하약어왕래망)
山野草木暖春戀 (산야초목난춘연)
石階菜花翠光粧 (석계채화취광장)

▷ 창천蒼天 : 맑게 갠 새파란 하늘, 창공蒼空.
▷ 석계石階 : 섬돌, 돌계단.
▷ 채화菜花 : 채소의 꽃(여기서는 꽃잔디를 표현함).

한 해가 저무는 기망旣望의 하늘에 · 1

歲暮旣望月明天
(세모기망월명천)

한 해가 저무는 기망旣望의 하늘에 달이 밝은데
몸이 바뀌고 강산이 바뀌는 것이 몇 해이런가.
같은 길을 가는 인연의 세한歲寒 서신이 도착하고,
차가운 눈바람은 날리는데 세상을 나 홀로 걷네.

歲暮旣望月明天 (세모기망월명천)
換骨江山幾何歲 (환골강산기하세)
同道之緣歲信到 (동도지연세신도)
寒雪風飛獨步世 (한설풍비독보세)

▷ 기망旣望: 음력으로 매월 16일을 말함. 망월(望月15일)이 지났다는 뜻에서 16일.
▷ 환골換骨: 바꿀 환換. 뼈 골骨. 여기서는 변해가는 몸을 의미함.

한 해가 저무는 기망旣望의 하늘에 · 2

歲暮旣望月明天
(세모기망월명천)

한 걸음, 한 행보에 하늘과 땅(天地)을 머금었구나.
도 닦는 마음(道心)은 높고 높으며 마음은 순정하네.
한 해가 저무는 때에 눈은 내리고 바람소리는 삽삽하구나.
내일(신년)도 태허공에 해가 맑게 빛나리라.

一步一行含天地 (일보일행함천지)
道心高高心純情 (도심고고심순정)
歲暮降雪風颯颯 (세모강설풍삽삽)
明日太虛輝日淸 (명일태허휘일청)

▷ 기망旣望 : 음력으로 매월 16일을 말함. 망월(望月 15일)이 지났다는 뜻에서 16일.
▷ 환골換骨 : 바꿀 환換. 뼈 골骨. 여기서는 변해가는 몸을 의미함.
▷ 삽삽颯颯 : 바람소리 삽.

연청에 답하다
(연청 현판을 걸고)

答燕廳
(답연청)

옛집 처마 밑에 연청燕廳 현판을 걸고
봄이 오면 제비가 집으로 돌아오길 기다리네.
여여 시인과 연청 시인의 시가 벽면壁面에 가득한데
차가운 눈은 바람에 흩날리고 눈썹달은 미소 짓네.

古家檐下掛燕廳 (고가첨하괘연청)
春來燕鳥待歸巢 (춘래연조대귀소)
如如燕廳詩滿壁 (여여연청시만벽)
寒雪風飛眉月笑 (한설풍비미월소)

연청燕廳
여여 김이동

燕廳
(연청)

꽁꽁 언 처마 밑에 연청 현판을 걸고
새로 만든 청마루에 술을 부어 두었네.
해는 저물고 찬바람은 이는데
술잔을 치켜드니 곧 봄의 집이로다.

懸板凍檐下 (현판동첨하)
置酒新廳上 (치주신청상)
落日起寒風 (낙일기한풍)
擧杯卽春堂 (거배즉춘당)

답연청 答燕廳
연청 정상일

答燕廳
(답연청)

나그네는 일필휘지하고 있고 주인은 잔이 비었는데
가까운 촌락, 해 저문 경치에 시인묵객의 인연이 찾아왔네.
꽁꽁 언 청마루에 봄이 찾아오기는 아직 아득하고 먼데
술을 마주하고 흥興을 마주하니 이미 제비소리 들리는 듯하네.

一客一筆主空盞 (일객일필주공잔)
近村暮景來墨緣 (근촌모경래묵연)
冬廳春訪雖渺遠 (동청춘방수묘원)
對酒對興已燕廳 (대주대흥이연청)

▷ '연청燕廳 현판을 걸고'의 시는 두 시인의 시에 대한 답시答詩 지음.
▷ 연청燕廳 : 현판이 걸려 있는 집은 충북 괴산군 신기리 소재 정상일 시인의 고향 집이다.
▷ 묵연墨緣 : 시인묵객詩人墨客의 인연이란 의미임.

연청시선의
세한 서신에 답하다

答燕廳詩仙歲寒書信
(답연청시선세한서신)

한 해가 저무는 기망既望 하늘에 달이 밝은데
연청시선詩仙의 세한 서신이 도착했네.
동네 어귀(동구洞口)에 왕래할 때 술과 밥으로 영접하고
끝없는 명시名詩가 부엌 기둥에 거꾸로 걸렸네.

한 잔, 한 술에는 하늘과 땅(天地)을 머금었고
의분義憤은 고고高高하고 마음은 순정純情하시네.
세한歲寒의 산과 들에는 눈바람이 날리는데,
한 나그네는 여여하게 달을 바라보고 완상玩賞하네.

歲暮旣望月明天 (세모기망월명천)
燕廳詩仙歲信到 (연청시선세신도)
洞口往來迎酒飯 (동구왕래영주반)
無盡名詩掛柱倒 (무진명시괘주도)

一杯一酌含天地 (일배일작함천지)
義憤高高心純情 (의분고고심순정)
歲寒山野風雪飛 (세한산야풍설비)
一客如如賞弄月 (일객여여상농월)

한 해가 저무는 때 혼자 술 마시다
여여 김이동

歲暮獨酌
(세모독작)

술잔을 놓고 남쪽 창밖으로 머리를 돌리니
티끌 덮인 산골짜기에 눈이 풀풀 날리네.
돌처럼 무거운 입에 진종일 울적한 심정만 감추고
신문에 많은 곳은 어지러운 말만 들릴 뿐이구나.

나무들은 겨울을 인고忍苦하며 그 가지들은 떨어지고
사람들은 어려움을 겪으며 모습 모습이 끊어졌네.
술을 마시다가 달력을 보니 한 해도 삼일 남았는데,
한 해가 저문다고 근심 말지니 다만 세한歲寒도 한 절기네.

放杯回首南窓外 (방배회수남창외)
蔽塵山谷紛紛雪 (폐진산곡분분설)
石口盡日藏鬱情 (석구진일장울정)
紙耳多處聞亂說 (지이다처문난설)

樹樹忍冬枝枝落 (수수인동지지락)
人人歷難態態切 (인인역난태태절)
酌中見曆殘三日 (작중견역잔삼일)
莫憂歲寒但一節 (막우세한단일절)

답세모독작答歲暮獨酌
연청 정상일

答歲暮獨酌
(답세모독작)

한 해가 저무는 먼 산은 먹빛으로 같고
가로등 켜진 가까운 들도 또한 묵묵히 차갑구나.
한 잔 탁주에 지난 계절 회상하니
남로南路 북행北行으로 몇 십번을 짝하였네.
버들과 앵두화와 봄의 꿩 소리.
갈대꽃과 억새, 산국화와 가을 단풍이 흩어지네.
별을 보고 바람소리 듣고 다시 술병을 따뜻하게 하고
다 갖추지 못한 편지(書簡)는 봉곡제 사립문을 두드리네.

歲暮遠山一墨同 (세모원산일묵동)
點燈近野亦默寒 (점등근야역묵한)
一杯濁酒懷過節 (일배탁주회과절)
南路北行幾十伴 (남로북행기십반)
楊柳櫻花春雉鳴 (양유앵화춘치명)
蘆荻山菊秋楓散 (로적산국추풍산)
見星聞風再溫甁 (견성문풍재온병)
敲扉逢谷不備簡 (고비봉곡불비간)

술친구 찾아왔네   抱樽來友
                                        (포준내우)

먼 산은 첩첩疊疊하고 기이한 봉우리는 솟아 있으며
산사山寺의 옥상에서 시원하게 바라본다.
겨울 낮의 햇살은 따뜻하지만 바람은 차가운데
술통을 안고 벗이 찾아와 상봉相逢하여 미소 짓네.

遠山疊疊奇峯崧 (원산첩첩기봉숭)
山寺屋上豁然眺 (산사옥상활연조)
冬午日暖寒冷風 (동오일난한냉풍)
抱樽來友相逢笑 (포준내우상봉소)

▷ 활연豁然 : 눈앞을 가로막은 것이 없이 환하게 터져서 시원스러운 모양.
▷ 첩첩疊疊 : 쌓여 겹치는 모양模樣.

오사카 통천사 불자님을 만나고　　大阪通天寺佛子相逢紀念詩
　　　　　　　　　　　　　　　(대판통천사불자상봉기념시)

오사카(대판大阪) 통천사에 불자님이 있으니

자연성님은 자연히 만사가 이뤄져 얼굴에 미소 가득하네.

명해월님은 맑은 바다에 달이 비치니 그대로 화엄세계 이루고

문수행님은 문수행의 도를 닦으니 후광後光이 비치네.

수련화님은 수련화가 피어나니 정토淨土세계 나타나고

대원심님은 대원력의 심덕心德으로 깨달음을 이루네.

선지대사, 정명대사 두 분의 대사大師가

하늘과 통하는 대도大道를 비추어 모두 깨달음의 세계로 인도하네.

大阪通天有佛子 (대판통천유불자)
自然成事滿面笑 (자연성사만면소)
明海月印卽華嚴 (명해월인즉화엄)
文殊行道後光照 (문수행도후광조)
睡蓮花發淨土現 (수련화발정토현)
大願心德菩提道 (대원심덕보리도)
善智淨明兩大師 (선지정명양대사)
通天大道引開悟 (통천대도인개오)

햇무리　　　　　　　　　　　　日暈
　　　　　　　　　　　　　　　　(일훈)

영축산중靈鷲山中은 천고千古를 감추었고
적멸보궁 상공上空에 햇무리 출현했네.
무수한 인파人波가 같은 시간에 보고
상서祥瑞로운 조짐兆朕을 우러르며 대운大運을 소망하네.

靈鷲山中藏千古 (영축산중장천고)
寶宮上空現日暈 (보궁상공현일훈)
無數人波見同時 (무수인파견동시)
仰視瑞相望大運 (앙시서상망대운)

▷ 일훈日暈 : 햇무리.

만추晩秋의 단상斷想

晩秋之斷想
(만추지단상)

가을날 아무 일 없이 한가하고
온 산이 붉게 물든 단풍을 바라보네.
시원한 바람 불고 풍경소리 울리니
홀연히 한 곡조 노래 부르네.

秋日無一事 (추일무일사)
滿山紅葉望 (만산홍엽망)
涼風磬聲響 (양풍경성향)
忽然一曲唱 (홀연일곡창)

음악실의
일상사 日常事 · 1

樂室日常事
(악실일상사)

음악실音樂室의 일상사日常事는
아코디언 연주로 시작하네.
종일 교육실습생과 함께하니
노을 지는 때도 알지 못하네.

樂室日常事 (악실일상사)
手風琴演始 (수풍금연시)
終日敎生與 (종일교생여)
不知天霞時 (부지천하시)

▷ 수풍금手風琴: 손풍금, 아코디언(accordion).
▷ 바닷가에 살면서 아코디언과 팬플룻 연주하는 친구의 일상을 생각하며 지은 시이다.

음악실의 일상사 日常事 · 2

樂室日常事 (악실일상사)

팬플룻 불며 춤추는 몸이여!
미묘한 소리 방안에 가득 울리네.
문 밖 파도소리는 잠잠한데
내 마음의 연가戀歌는 하늘을 나네.

吹笛律動身 (취적율동신)
妙音滿室響 (묘음만실향)
門外濤聲潛 (문외도성잠)
吾心戀歌揚 (오심연가양)

▷ 취적吹笛 : 피리를 부는 것(여기서는 팬플룻을 부는 것을 뜻함).
▷ 바닷가에 살면서 아코디언과 팬플룻 연주하는 친구의 일상을 생각하며 지은 시이다.

자가격리 自家隔離　　　　　　　　自家隔離
　　　　　　　　　　　　　　　　　　（자가격리）

세계 도처가 오미크론(역병)으로 전염되고
내 몸도 피하지 못하고 자가격리 되었네.
온몸이 느끼는 증세는 독감毒感과 같고
7일간 심신心身을 깨끗이 하고 속세俗世를 멀리했네.

世界到處染疫病 (세계도처염역병)
不避我身遂隔離 (불피아신수격리)
全身症勢如毒感 (전신증세여독감)
七日齋戒俗出離 (칠일재계속출리)

▷ 역병疫病 : 악성 유행병을 의미하며, 여기서는 〈코로나 19〉 오미크론을 말함.
▷ 재계齋戒 : 몸과 마음을 깨끗이 하고 부정不淨한 일을 멀리함.

서류를 정리하고 우연히 읊다

書類整理後偶吟
(서류정리후우음)

몇 년 동안 정리 못한 서류철書類綴을
새해를 맞이하여 오늘 모두 정리整理하였네.
목욕 후에 침상寢牀에 누우니 심신心身이 경쾌하고
알 수 없는 한 물건(일물一物) 마음에서 떠나지 않네.

幾年未盡書類綴 (기년미진서류철)
迎新今日皆整理 (영신금일개정리)
浴後寢牀心身輕 (욕후침상심신경)
不知一物心不離 (부지일물심불리)

서설絮雪에 차운次韻하다

次絮雪韻 (차서설운)

돌아가는 길, 산길 사이에
솜 같은 눈 소리 없이 내리네.
걸음, 걸음이 모두 무심無心이고
소나무 숲 흰 옷을 입고 있네.

歸路山徑間 (귀로산경간)
絮雪無聲下 (서설무성하)
步步都無心 (보보도무심)
松林白衣荷 (송림백의하)

서설絮雪
여여 김이동

絮雪
(서설)

빈 뜰 사이(공간)가 눈에 가득 보이는데
소리 없이 솜 같은 눈이 내리고 있네.
분분紛紛하여도 곧 무심하고
나뭇가지가 나부껴 눈이 스스로 떨어지네.

滿眼空庭間 (만안공정간)
無聲絮雪下 (무성서설하)
紛紛則無心 (분분즉무심)
翩翩自脫荷 (편편자탈하)

▷ 서설絮雪 : 솜 같은 눈.

서설에 차운하다
연청 정상일

次絮雪韻
(차서설운)

해질녘 눈은 먼산에서 녹고
저녁에 홀로 등불 아래서 한 잔 하네.
초대한 사람 없어 창을 사이에 두고서
온갖 고요함을 짊어지고 주반에 홀로 있네.

暮雪遠山消 (모설원산소)
夕杯孤燈下 (석배고등하)
隔窓無人招 (격창무인초)
獨盤萬寂荷 (독반만적하)

▷ 주반酒盤 : 술과 안주를 차려 올려놓는 데 쓰이는 소반小盤.
▷ 하荷 : 멜 하(메다. 짊어지다. 부담하다. 담당하다. 은혜를 입다.) 연 하, 연꽃 하.

부처님의 위신력 가피

佛力加被
(불력가피)

눈 속에 붉은 매화꽃이 피어나니 옛 부처님 마음이요.
미묘화 마음 꽃이 활짝 피어나니 하늘과 땅이 새롭도다.
청련사 옛 절에 어머니와 딸이 도착하니
부처님 위신력의 가피加被로 이루어지는 일마다 참되네.

寒梅吐紅古佛心 (한매토홍고불심)
微妙華發天地新 (미묘화발천지신)
青蓮古刹母女到 (청련고찰모녀도)
佛力加被成事眞 (불력가피성사진)

▷ 청련고찰青蓮古刹 : 청련사를 지칭함. 인천시 강화군 강화읍 고비고개로 188번길 112. 목조아미타여래좌상(보물 1787호)이 모셔져 있으며, 고구려 416년(장수왕 4)에 천축조사가 강화읍 서쪽 고려산 기슭에 창건한 사찰이다.

화실畫室의 일상사日常事 · 1

畫室日常事
(화실일상사)

화실畫室의 일상사日常事는
한 끼의 식사에 차 한 잔으로 시작하네.
종일 붓과 먹물과 놀다보니
노을 지는 때도 알지 못하네.

畫室日常事 (화실일상사)
一食一茶始 (일식일다시)
終日筆墨遊 (종일필묵유)
不知天霞時 (부지천하시)

▷ 임은주 화백畫伯의 일상사日常事를 생각하며, 지은 시이다.

화실畫室의 일상사日常事 · 2

畫室日常事
(화실일상사)

말없이 그림 그리는 붓놀림은 춤을 추고
흰 화선지(白紙)에 고운 빛깔의 그림이 선명하네.
화지畫紙에 꽃잎이 방긋 미소 지으니
나 또한 기쁜 빛을 띤 얼굴을 전하네.

無言運筆舞 (무언운필무)
白紙彩畫鮮 (백지채화선)
花葉微笑咳 (화엽미소해)
吾亦和顏傳 (오역화안전)

▷ 해咳 : 어린아이 웃을 해. 방긋 웃다.
▷ 임은주 화백畫伯의 일상사日常事를 생각하며, 지은 시이다.

도반道伴을 만나다

相逢道友
(상봉도우)

영축산에 지혜의 태양은 항상 비추어(항조恒照) 밝고

적멸보궁에는 인산忍山이 높구나.

구룡산 통천사에는 훌륭한 지혜(선지善智)를 연설하고

통도사 시탑전侍塔殿에는 맑은 언덕(청강晴崗)이 좋구나.

팔공산 파계사에는 빈 배(허주虛舟)가 으뜸이고

금봉산 마하금강사는 묵암黙庵이 지었네.

수시隨時로 상봉하여 차담茶談을 나누니

기쁨과 즐거움에 얼굴은 붉고 도심道心도 초월했네.

▷ 도반道伴 : 함께 불도佛道를 수행하는 벗.
▷ 도우道友 : 함께 불도佛道를 수행하는 벗.
▷ 이 시는 항조스님, 인산스님, 선지스님, 청강(영한)스님, 허주스님, 묵암스님, 6인의 법명法名 또는 법호法號를 넣어 지은 시이다.

靈鷲慧日恒照昭 (영축혜일항조소)
寂滅寶宮忍山高 (적멸보궁인산고)
九龍通天善智演 (구룡통천선지연)
通度侍塔晴崗好 (통도시탑청강호)
八公把溪虛舟元 (팔공파계허주원)
金峯金剛默庵造 (금봉금강묵암조)
隨時相逢一茶分 (수시상봉일다분)
喜樂紅顏道心超 (희락홍안도심초)

도반道伴이 남쪽에서 찾아왔네

道伴自南來
(도반자남래)

천리 밖 남쪽에서 도 닦는 벗이 찾아오니
뜰 앞에 백작약 꽃 흐드러지게 피어나네.
비가 청산을 지나니 맑게 갠 하늘 나타나고
차 마시고 재미있는 이야기로 종일 한가하네.

千里道友自南來 (천리도우자남래)
庭前白芍開爛漫 (정전백작개난만)
雨過靑山現晴天 (우과청산현청천)
喫茶笑談終日閑 (끽다소담종일한)

▷ 도우道友 : 함께 불도佛道를 닦는 벗. 도반道伴도 같은 뜻이다.
▷ 백작白芍 : 백작약白芍藥. 백작약白芍藥은 작약과의 여러해살이 풀. 약재藥材로도 쓰임.
▷ 난만爛漫 : 꽃이 활짝 피어 화려함.
▷ 끽다喫茶 : 차를 마심.
▷ 청천晴天 : 맑게 갠 새파란 하늘.

노래 한 곡 부르다

吟詠一曲 (음영일곡)

잿빛 하늘 구름 낀 산에 까치는 날아오르고
사내는 산간벽촌山間僻村에서 땔감을 운반하네.
불을 때는 아궁이 속에 장작은 붉은 숯불 되었고
밤 굽고 한 잔 마시며 노래 한 곡 부르네.

灰天雲山鵲飛上 (회천운산작비상)
一夫僻村搬薪木 (일부벽촌반신목)
火口長斫紅炭火 (화구장작홍탄화)
炙栗一杯詠一曲 (자율일배영일곡)

▷ 회천灰天 : 잿빛 하늘.
▷ 신목薪木 : 땔나무.

영축산의
도반道伴이 왔네

靈鷲道友來訪
(영축도우내방)

영축산의 도우道友가 방문해 오니
도량道場에 벚꽃이 활짝 피었네.
지난날을 회고하며 다담茶談을 펼치는데
산새가 소리를 내며 하늘로 날아오르네.

靈鷲道友訪問來 (영축도우방문래)
道場櫻花爛漫開 (도량앵화난만개)
回顧往日茶談展 (회고왕일다담전)
山鳥一聲飛天兮 (산조일성비천혜)

▷ 영축산靈鷲山 : 영축산에 통도사가 있다.
▷ 도우道友 : 수도修道의 길을 같이 가는 벗. 도반道伴, 선우善友, 지우知友 등으로도 표현함.
▷ 다담茶談 : 차와 이야기.

영축산의 오랜 도반道伴

靈鷲故友
(영축고우)

영축산 통도사의 오랜 도반道伴들이 한자리에 모여
나물밥 먹고 샘물 마시며 여유롭게 미소 짓네.
간간間間이 차를 권하고 지난 시절을 회고回顧하다가
다음 좋은 날에 만나길 기약하며 각각 집으로 돌아갔네.

靈鷲故友會一座 (영축고우회일좌)
菜飯泉水饒微笑 (채반천수요미소)
間間勸茶顧往年 (간간권다고왕년)
再期好日各歸巢 (재기호일각귀소)

마주 대하여 술을 마시다

對酌
(대작)

추운 바람 지나가고 따뜻한 봄이 오니
매화나무 두릅나무 싹이 나기 시작하네.
먼 곳에서 고우故友가 찾아와 마주보고 웃고
술을 권하고 대작對酌하며 시와 노래를 읊네.

凍風去後暖春來 (동풍거후난춘래)
梅花楤木始萌芽 (매화총목시맹아)
遠訪故友對面笑 (원방고우대면소)
勸酒對酌吟詩歌 (권주대작음시가)

▷ 동풍凍風 : 얼 듯 차가운 바람.
▷ 난춘暖春 : 따뜻한 봄.
▷ 총목楤木 : 두릅나무 총楤, 모두 총楤.
▷ 대작對酌 : 마주 대하고 술을 마심.
▷ 고우故友 : 오래도록 사귄 벗(친구).

태풍 피해가 없기를 바라며 　　無頉颱風
　　　　　　　　　　　　　　　　(무탈태풍)

날마다 태풍의 맹렬猛烈한 위세威勢는 대단하고
회색빛 하늘에 폭우暴雨 내려 거리는 한산閑散하네.
홀연히 마음의 벗(心友) 찾아와 차담茶談 나누며
곳곳마다 사람들 아무런 탈이 없고 편안하기를 바라네.

連日颱風猛威力 (연일태풍맹위력)
灰天暴雨街巷閑 (회천폭우가항한)
忽來心友茶談分 (홀래심우다담분)
處處人人無頉安 (처처인인무탈안)

오늘 아침에 　　　　　　　　今朝偶吟
　　　　　　　　　　　　　　　　　　(금조우음)

어젯밤 달이 뜨고 싸락눈(세설細雪) 내리더니
오늘 아침 잿빛 하늘에 찬바람이 불어오네.
도끼가 춤추니 장작長斫이 통쾌히 쪼개지고
그 땔감을 운반하니 심신心身이 상쾌하네.

昨夜月出細雪下 (작야월출세설하)
今朝灰天寒風來 (금조회천한풍래)
舞斧長斫痛快析 (무부장작통쾌석)
其柴運搬心身灑 (기시운반심신쇄)

▷ 쇄락灑落 : 기분이나 몸이 개운하고 깨끗함.

회갑 날에 읊다   回甲偶吟 (회갑우음)

동진童眞의 동자童子 어느 새 회갑이 되었네.
지나간 세월을 회고해 보니 한바탕 꿈이로구나.
다만 한 물건을 구하였는데 그 구하는 마음이 텅 비었네.
덧없는 세상의 개미집이 그대로 화장세계華藏世界로구나.

童眞於焉爲回甲 (동진어언위회갑)
回顧往年夢一場 (회고왕년몽일장)
但求一物空求心 (단구일물공구심)
浮世蟻垤卽華藏 (부세의질즉화장)

▷ 의질蟻垤 : 개미집.

여여 김이동 시인의 시 '설촌'에 차운하다

次如如雪村韻
(차여여설촌운)

홀연히 백로가 날아와 백설 위에 내리는데
도무지 누가 백로이고 백설인지 알지 못하겠네.
끊임없이 은화銀花는 무수히(만점萬點) 내리고
산과 들, 나무와 풀이 모두 흰 옷을 입었네.

忽飛白鷺下白雪 (홀비백로하백설)
都是不知誰主客 (도시부지수주객)
綿綿銀花萬點下 (면면은화만점하)
山野草木被衣白 (산야초목피의백)

▷ 차운次韻 : 남이 지은 시詩에 운자韻字를 따서 시를 지음.

설촌雪村　　　　　　　　　　　　　　　雪村
여여 김이동　　　　　　　　　　　　　　(설촌)

산촌의 고요한 거리 눈이 가득 날리는데
동네 개가 공연히 짖는 것은 길손이 있음을 의심해서이네.
눈이 조각조각 한 잎 한 잎 소리 없이 내리고
모양, 모습, 모습이 동색同色으로 하얗네.

山村寂巷滿飛雪 (산촌적항만비설)
洞狗空吠疑有客 (동구공폐의유객)
片片粒粒無聲下 (편편입입무성하)
象象態態同色白 (상상태태동색백)

여여의 '설촌'에 차운하다 　　　次如如雪村韻
연청 정상일 　　　　　　　　　　　(차여여설촌운)

회색빛 하늘아래 산과 들에는 만접_{萬蝶}의 눈이 내리고
적요한 창 밖에 그림자는 한 나그네.
끊임없는 상념은 쓸쓸히 내리고
원근에 천 갈래 길은 소실된 듯 하얗네.

灰天山野萬蝶雪 (회천산야만접설)
寂寥窓外影一客 (적요창외영일객)
不絶想念蕭然下 (부절상념소연하)
遠近千路消失白 (원근천로소실백)

눈 내리는 밤 　　　　　　　　雪夜
　　　　　　　　　　　　　　　　　　(설야)

하늘 가운데 보름달이 밝은데
눈 내리는 밤 산사山寺는 쓸쓸하네.
깊은 골짜기에 찬바람 불어오는데
선당禪堂에 등불燈火은 고적孤寂하구나.

天中望月昭 (천중망월소)
雪夜山寺蕭 (설야산사소)
幽谷寒風來 (유곡한풍래)
禪堂燈火孤 (선당등화고)

▷ 선당禪堂 : 참선하는 집.
▷ 망월望月 : 보름달.

모주유정暮酒有情에 차운하다

次暮酒有情韻
(차모주유정운)

저녁 하늘에 안개연기(녹연綠煙) 피어나고
산 밖으로 나갔던 새들 귀소歸巢하였네.
달이 천강千江에 비치니 천강千江마다
시구詩句를 이루고
지음知音의 시흥詩興은 일만一萬 곡조曲調를 이루네.

暮天綠煙生 (모천녹연생)
山外鳥歸巢 (산외조귀소)
月印千江句 (월인천강구)
知音萬曲調 (지음만곡조)

저녁 술잔을 들며
연청 정상일

暮酒有情
(모주유정)

초승달은 저녁노을 위에 뜨는데
집으로 가는 사람들 어스름에 잠기네.
술잔 속에 천 구句의 시 나부끼고
취한 가슴 속으론 만정이 샘솟네.

初月彩霞生 (초월채하생)
歸人暮色巢 (귀인모색소)
杯中千章句 (배중천장구)
醉裏萬情調 (취리만정조)

▷ 녹연綠煙 : 푸른빛의 연기煙氣. 저녁의 연기와 안개.
▷ 귀소歸巢 : 동물이 자신自身의 서식棲息 장소나 산란産卵, 육아 등을 하던 곳에서 멀리 떨어져 있을 경우, 다시 그곳으로 되돌아오는 성질性質. 여기서는 집으로 돌아감의 뜻.

상서祥瑞로운 광명을 널리 일체중생과 나누리라

普皆廻向祥瑞光明
(보개회향상서광명)

금봉산 도량에 상서祥瑞로운 광명(서광瑞光)이 가득하니
구름처럼 많이 모인 불자가 기쁨 행복(길상吉祥)을 맞이하네.
삼십년을 이어 오며 법회法會를 함께해 온 것은
과거 현재 미래 삼생三生 인연의 결과로 형통亨通한 것이네.
비교할 수 없이 장엄한 고찰古刹이 많은 것을 돌아보지 않고
산골짜기 작은 암자에서 함께 만나 마음의 밭을 일구네.
덧없는 세월은 번개같이 빠르니 지금 바로 자성을 깨쳐
대원경지大圓鏡智의 지혜 널리 일체중생과 나누리라(회향廻向).

▷ 마하금강사의 불자님들과 인연을 회상하며 지은 시이다.
▷ 마하금강사는 1993년에 창건하여 현재에 이르고 있다.
▷ 대한불교 조계종 제 15교구 통도사의 말사末寺이다.
▷ 금봉산金峯山 또는 금봉산金鳳山 : 해발 505m.
▷ 대원경지大圓鏡智 : 둥근 거울에 만물의 그림자가 비치듯이 세계 만법萬法을 비치는 지혜를 말함.

金峯道場滿瑞光 (금봉도량만서광)
雲集佛子吉祥迎 (운집불자길상영)
三十年來同法會 (삼십년래동법회)
三生因緣結果亨 (삼생인연결과형)
不顧無比古刹多 (불고무비고찰다)
山庵會遇心田耕 (산암회우심전경)
無常如電卽覺性 (무상여전즉각성)
普皆廻向大圓鏡 (보개회향대원경)

▷ 보개회향普皆廻向 : 널리 일체중생을 향해 돌려 주다. 불교 가르침의 목적은 개인의 깨달음에만 만족하고 그치는 것이 아니다. 그 개인의 깨달음의 빛을 이웃과 세계 인류와 우주법계와 함께 나누는 것이며, '지금 여기에서 극락정토의 행복, 평화, 자유'를 함께 누리도록 함을 목적으로 한다.

심금心琴을 울리네

響心琴
(향심금)

달은 천강千江에 비치고 갈대꽃 가을인데
새들은 일만一萬의 새집으로 돌아간 쓸쓸한 밤이네.
지음知音의 절창絶唱이 내 심금心琴 울리니
내 가슴에서 노래(곡조曲調)가 끊임없이 솟아오르네.

月印千江蘆花秋 (월인천강노화추)
鳥歸萬巢蕭寂夜 (조귀만소소적야)
知音絶唱心琴響 (지음절창심금향)
我胸曲調湧出也 (아흉곡조용출야)

▷ 향심금響心琴 : 저자著者가 정상일 거사가 보내온 '모주유정暮酒有情에 차운次韻' 했더니 정상일 시인이 '참 좋고 좋습니다.'라고 문자를 주며, '월인천강 조귀만소 月印千江 鳥歸萬巢… 화평한 詩想입니다.'라고 문자를 줘서 저자著者가 바로 답시答詩로 '향심금響心琴'을 지어서 정상일 시인에게 보냈다.

옛친구와 함께　　　　　　故友同會
　　　　　　　　　　　　　　(고우동회)

의기투합意氣投合한 옛친구들과 모여
한자리에서 술과 밥 먹고 또 노래 불렀네.
깊어가는 밤, 즐거운 마음은 더욱 오르고
연회를 마치고 돌아가는 길, 달빛과 벗이 되어 함께하였네.

意氣投合故友會 (의기투합고우회)
一座酒飯又歌唱 (일좌주반우가창)
夜深興心尤絶頂 (야심흥심우절정)
罷宴歸路伴月光 (파연귀로반월광)

가을 풍광風光　　　　　　秋日風光
　　　　　　　　　　　　　　（추일풍광）

푸른 하늘엔 조각구름 흘러가고
너른 들에는 황금벼 춤을 추네.
산색山色은 점점 단풍으로 붉어가고
지나가는 나그네는 노래 부르네.

靑天片雲飛 (청천편운비)
廣野黃禾搖 (광야황화요)
山色漸漸紅 (산색점점홍)
過客一曲調 (과객일곡조)

제 2 부

일상 이야기 (2)

허난설헌의 시 '규정'에 차운하다 　次許蘭雪軒詩閨情韻
(차허난설헌시규정운)

제가 꿈에 황금비녀를 얻었어요.
황금빛이 온 하늘을 장식裝飾하네요.
오늘 아침 길 떠나시는 님께 드리니
천리 밖 멀리서도 항상 날 기억하세요.

我夢得金釵 (아몽득금채)
金光滿天飾 (금광만천식)
今朝膳君行 (금조선군행)
千里外常憶 (천리외상억)

閨情 (규정)

규방閨房의 정, 허난설헌

妾有黃金釵 (첩유황금채) : 제게 금비녀 하나 있어요.
嫁時爲首飾 (가시위수식) : 시집 올 때 머리에다 꽂고 온 거죠.
今日贈君行 (금일증군행) : 오늘 길 떠나시는 님께 드리니
千里長相憶 (천리장상억) : 천리 길 멀리서도 날 기억하세요.

봄날은 가네

春日去
(춘일거)

봄비가 지나간 후 산 빛山色은 더욱 푸르고
벚꽃나무와 산수유나무에서 새떼가 우네.
바람 부니 꽃잎 떨어지고 봄날은 가는데
역병은 물러나지 않고 어지러운 세상 더 길어지네.

春雨過後山色綠 (춘우과후산색록)
櫻花茱萸群鳥鳴 (앵화수유군조명)
風飛落花春日去 (풍비낙화춘일거)
不退疫病亂世永 (불퇴역병난세영)

▷ 앵화櫻花 : 벚꽃.
▷ 수유茱萸 : 산수유.

봄 정취 머금었네

含春情
(함춘정)

덕숭산 소나무 숲은 푸르고
층암절벽 아래에 관음대성觀音大聖이 우뚝 솟았네.
향로에 향 연기 끊임없이 피어오르고
첩첩疊疊이 이어진 산 봄 정취를 머금었네.

德崇山中松林靑 (덕숭산중송림청)
層巖絶壁觀音聖 (층암절벽관음성)
綿綿不絶爐香煙 (면면부절로향연)
疊疊連山含春情 (첩첩연산함춘정)

▷ 덕숭산德崇山 : 충남 예산군 소재함(해발 495m).
▷ 층암절벽層巖絶壁 : 높고 험한 바위가 겹겹으로 쌓인 낭떠러지.
▷ 면면綿綿 : 끊임없이 이어짐.
▷ 첩첩疊疊 : 중중첩첩의 준말.

봄눈　　　　　　　　　　　春雪
　　　　　　　　　　　　　　(춘설)

하룻밤 사이 내린 봄눈은 해질녘에 사라지고
산길과 거리에 가로등 불 켜지기 시작하네.
도량 소제掃除를 마치니 몸과 마음은 경쾌하고
홀로 하늘과 땅을 걸으니 기세등등氣勢騰騰 흥기興起하네.

終夜春雪日暮消 (종야춘설일모소)
山徑街巷方點燈 (산경가항방점등)
道場掃除心身輕 (도량소제심신경)
獨步乾坤氣勢興 (독보건곤기세흥)

▷ 일모日暮 : 날이 저묾, 해거름, 날이 저물 무렵.
▷ 산경山徑 : 산길, 산에 나 있는 길.
▷ 가항街巷 : 가街는 넓고 곧은 거리, 항巷은 좁고 굽은 거리.
▷ 도장道場 : 사원寺院에서는 '도량' 으로 읽음.

봄뜰 　　　　　　　　　　　　　　　春庭
　　　　　　　　　　　　　　　　　　(춘정)

푸른 하늘에 흰 구름은 용을 그려놓은 것 같고
푸른 바다에 갈매기는 하늘로 날아가네.
산을 넘고 바다를 건너서 봄을 찾지 마라
자기 집에 매화는 이미 활짝 피어 봄뜰이네.

靑天白雲如畫龍 (청천백운여화룡)
滄海白鷗飛天頂 (창해백구비천정)
莫須尋春越山海 (막수심춘월산해)
自家寒梅已春庭 (자가한매이춘정)

▷ 백구白鷗 : 갈매기.
▷ 춘정春庭 : 봄뜰.
▷ 한매寒梅 : 겨울에 피는 매화.

봄밤에   春夜
                                                                                (춘야)

봄밤에 소쩍새 소리 들으며
옛집에서 상현달을 보고 있네.
마을 거리는 쓸쓸하고 적막한데
사립문 옆 벚꽃은 눈꽃 같네.

春夜聞杜宇 (춘야문두우)
古家見上月 (고가견상월)
里巷蕭寂寞 (이항소적막)
扉邊櫻花雪 (비변앵화설)

봄비
내리는 날

春雨之日
(춘우지일)

산과 들은 봄비로 흠뻑 젖어가고
빗물 떨어지는 소리는 끊임이 없네.
바람 불어 오니, 님의 편지 도착하고
한 글자 한 글자마다 그리움이 절절하네.

山野霑春雨 (산야점춘우)
落水聲不絶 (낙수성부절)
風來到貴函 (풍래도귀함)
字字滿切切 (자자만절절)

▷ 귀함貴函 : 상대자의 편지에 대한 경칭敬稱.
▷ 절절切切 : 몹시 간절한 모양.

천년 석탑 　　　　　千年石塔
　　　　　　　　　　　　　　　（천년석탑）

만인의 비원은 하늘에 구름 되어 떠 있고
천 년의 풍우에도 석탑은 우뚝 서 있네.
월악산 아래 계곡 물소리는 높고
미륵부처님 자비는 중생과 만나네.

萬人悲願爲天雲 (만인비원위천운)
千年風雨屹石塔 (천년풍우흘석탑)
月岳山下溪聲高 (월악산하계성고)
彌勒佛慈衆生合 (미륵불자중생합)

▷ 合ㅎ : 합하다, 모으다, 맞다, 만나다, 대답하다, 짝.

철새　　　　　　　　　　　　　漂鳥
　　　　　　　　　　　　　　　　（표조）

푸른 하늘에 날아가는 철새는 한 폭의 그림 같고
달천강에 청둥오리들은 헤엄치고 노네.
벚꽃과 산수유는 꽃 피기 시작하고
봄 구경 하다가 한잔 마시며 노래 한 곡 부르네.

靑天漂鳥一幅畫 (청천표조일폭화)
達川江中野鶩泳 (달천강중야목영)
櫻花茱萸開花始 (앵화수유개화시)
賞春一杯一曲詠 (상춘일배일곡영)

▷ 표조漂鳥 : 철새, 떠돌이새.

봄비春雨가 내리네

春雨
(춘우)

봄비가 하염없이 내려 산과 들 촉촉이 적시고
창가에 매화나무 꽃망울마다 빗방울을 머금었네.
세상에 코로나가 빨리 사라지길 소망하며
남산南山에 일어나는 안개구름 고요히 바라보네.

不絕春雨濕山野 (부절춘우습산야)
窓邊梅芽含雨滴 (창변매아함우적)
世上疫病望速滅 (세상역병망속멸)
南山煙雲觀蕭寂 (남산연운관소적)

▷ 매아梅芽 : 매화 싹(꽃망울).
▷ 연운煙雲 : 연기처럼 피어나는 구름.
▷ 소적蕭寂 : 쓸쓸하고 고요함.

봄의 정취情趣　　　　　　　　春情
　　　　　　　　　　　　　　　（춘정）

비바람 청산을 지나가고
맑게 갠 하늘엔 흰 구름 떠 있네.
바위틈 꽃 잔디 살아나고
봄의 정취情趣 그대 생각 깊어가네.

風雨過靑山 (풍우과청산)
晴天浮白雲 (청천부백운)
石間生花草 (석간생화초)
春情深戀君 (춘정심연군)

동해 송정해변에서　　　　　於東海松亭
　　　　　　　　　　　　　　　(어동해송정)

가을날 동해東海 송정松亭해변에 도착해
바다를 바라보며 백사장白沙場 걷고 또 걸었네.
갈매기들 날아오르고 파도 소리 높으며
푸른 하늘에 상서祥瑞로운 구름이 용龍같이 움직이네.

秋日東海松亭到 (추일동해송정도)
望海沙場步又步 (망해사상보우보)
群鷗飛上濤聲高 (군구비상도성고)
靑天瑞雲如龍搖 (청천서운여용요)

오사카 통천사에서

於大阪通天寺 (어대판통천사)

오사카(大阪대판)에 있는 한국 절 통천사에 도착해서
다섯 명의 선사禪師가 함께 금강경을 독송讀誦하였네.
부처님 도량과 신도님들의 번영과 발전을 축원하고
한 마음으로 부처님에 귀의하고 공경하니 평안하고
건강함을 이루네.

大阪所在到通天 (대판소재도통천)
五人禪師讀金剛 (오인선사독금강)
佛刹信徒祝繁昌 (불찰신도축번창)
一心歸敬成安康 (일심귀경성안강)

▷ 통천사通天寺 : 일본 오사카시내에 있는 절이다. 대구시 동구 효목동에 있는 '구룡산 통천사'에서 일본 오사카에 '통천사通天寺' 포교당을 개원함.

선지대사 고희기념 오사카(大阪) 여행   善智大師古稀紀念大阪旅行
（선지대사고희기념대판여행）

영축산 통도사의 도우道友인 5인의 스님이 모여
고희기념古稀紀念으로 오사카에 도착하였네.
가을철 온천에서 휴일休日을 즐기고
다함께 도광道光이 무한이 빛나길 바랐네.

靈鷲道友會五僧 (영축도우회오승)
古稀紀念到大阪 (고희기념도대판)
秋節溫泉樂休日 (추절온천낙휴일)
皆共道光燦無限 (개공도광찬무한)

▷ 영축도우靈鷲道友 : 영축산 통도사에서 함께 수행한 도반道伴.
▷ 선지대사善智大師 : 대구 동구 효목동 통천사의 주지스님. 선지스님의 고희기념으로 영축산 통도사 승가대학 제23회 졸업 도반들 중, 함께할 수 있는 5인의 도반들이 오사카 여행을 하고, 통천사의 오사카 포교당인 통천사를 참배하고 금강경을 독송하였다.
▷ 도광道光 : 도道의 빛, 도덕道德의 빛, 불교佛敎를 일컫는 말.

화수정 온천에서

　　　　　　　　　　　　　　華水亭溫泉
　　　　　　　　　　　　　　(화수정온천)

일본 화수정華水亭 온천에서

여행 온 나그네가 피로를 풀었네.

노천탕露天湯 속에서 멀리 바라보니

소나무숲 사이로 푸른 바다와 푸른 하늘이 마주하네.

華水亭溫泉 (화수정온천)

旅客疲勞解 (여객피로해)

露天湯眺望 (노천탕조망)

松間海天對 (송간해천대)

▷ 화수정華水亭 온천溫泉 호텔(Hotel) : 일본 '돗토리현'에 있는 온천호텔이다. 주소
　: 683-0001 鳥取県米子市皆生温泉
▷ 일본 돗토리(鳥取)현에 있는 사구沙丘를 걷고, 모래언덕에 올라서서 서해 바다를
　바라보고 사막沙漠과 같은 사구沙丘의 아름다운 풍광을 촬영하고 화수정 온천호
　텔에서 1박하면서 온천욕溫泉浴을 하고 저녁식사와 아침식사는 일본식 정찬正餐
　으로 하였다.

패러글라이딩 활공장滑空場에서

滑空場
(활공장)

단양의 높은 언덕 망루望樓에 올라
동행한 좋은 사람들과 차 마시네.
활공장엔 패러글라이딩 타는 사람들로 가득하고
패러글라이딩은 공중에서 떠돌다가 서서히 강하降下하네.

丹陽高原登望樓 (단양고원등망루)
同行善人飮一茶 (동행선인음일다)
滑空場內滿飛人 (활공장내만비인)
空中浮遊徐徐下 (공중부유서서하)

추석날에 　　　　　　　　秋夕日
　　　　　　　　　　　　　　　　　(추석일)

하늘과 땅이 둥글고 밝은 추석날 아침,
시방법계의 고혼孤魂 영가님 전에
맑은 향과 감로차를 정례頂禮하며 올립니다.
깨달음의 길을 활짝 열고 부처님 마음을 전합니다.

天地圓明秋夕日 (천지원명추석일)
法界孤魂靈駕前 (법계고혼영가전)
淸香甘露頂禮獻 (청향감로정례헌)
活開覺路佛心傳 (활개각로불심전)

무심만 깊어가네 　　　　　深無心
　　　　　　　　　　　　　　　　　　　　　(심무심)

종일 미세먼지로 몸이 노곤勞困하고
해가 저물 무렵 창가에 기대어 잠시 잠에 빠졌네.
방문을 여니 어둠속에서 찬바람이 들어오고
홀로 있는 산사山寺에 무심無心만 깊어가네.

終日塵霧勞困身 (종일진무노곤신)
日暮倚窓暫睡沈 (일모의창잠수침)
開門暗中寒風入 (개문암중한풍입)
獨居山寺無心深 (독거산사무심심)

진도에서   於珍島
(어진도)

진도 바다의 푸른 파도 위에 흰 갈매기 날고
다도해 경치와 안개구름이 수려하구나.
동백꽃봉우리에 둥근달 걸려 있고
옛집으로 돌아오니 따뜻한 봄이 맞이해 주네.

珍島滄波飛白鷗 (진도창파비백구)
多島海景麗煙雲 (다도해경려연운)
冬柏花峯掛滿月 (동백화봉괘만월)
歸來古家迎暖春 (귀래고가영난춘)

▷ 다도해多島海 : 전남 여수시, 완도군, 진도군, 신안군, 고흥군 등
   1개 시, 4개 군, 18개 읍·면 지역으로 이루어져 있다.
▷ 연운煙雲 : 구름처럼 피어나는 연기.

묵은해를 보내고 새해를 맞이함

送舊迎新 (송구영신)

신축년辛丑年이 지나가고 임인년壬寅年이 찾아왔는데
코로나19는 쉬지 않고 인간의 세상을 덮어 버리네.
여러 날 계속된 혹독한 추위에 모든 왕래 끊어졌는데
새해 첫날에 서로 마음을 아는 친親한 벗이 찾아왔네.

辛丑年去壬寅來 (신축년거임인래)
疫病不休人世蓋 (역병불휴인세개)
連日酷寒往來絶 (연일혹한왕래절)
新年初日知友來 (신년초일지우래)

미묘한 소리 　　　　　　　　　滿香妙音
　　　　　　　　　　　　　　　　　　(만향묘음)

해질녘 선방 마루에 무심히 앉았는데
처마 아래에 청개구리 슬피 울다 조용하네.
숲속에는 휘파람새 우는 소리 울려 퍼지는데
향기 가득한 미묘한 소리에 마음은 편안하고 고요해지네.

日暮禪廳無心坐 (일모선청무심좌)
檐下靑蛙哀鳴寂 (첨하청와애명적)
林中嘯鳥啼聲響 (임중소조제성향)
滿香妙音心安寂 (만향묘음심안적)

바람소리
풍경소리

春風風磬
(춘풍풍경)

앞산은 첩첩히 이어지고
운무가 파도처럼 일어나네.
산새들 노랫소리 청아한데
춘풍이 풍경을 흔드네.

前山疊疊連 (전산첩첩연)
雲霧如波景 (운무여파경)
山鳥歌音淸 (산조가음청)
春風搖風磬 (춘풍요풍경)

밤에 들길을 걸으며   夜行野路
(야행야로)

늦은 밤 홀로 거친 들길(황야荒野)을 걷는데
개구리 떼 울음소리(명성鳴聲) 요란하구나.
이웃 마을에 개 짖는 소리는 허공을 가르고
숲속에 소쩍새는 애절哀切히 우는구나.
흙냄새, 풀 향기에 막힌 콧구멍이 뻥 뚫리는데
하늘에 밝은 달은 외로이 비추고 있네.
먼 곳에 있는 친한 친구(지우知友)도 저 달을 보고 있으리.
은하수를 우러르며 나는 거닐고(소요逍遙) 있네.

▷ 은한銀漢 : 은한銀漢은 은하銀河와 같음. 은하수銀河水.
▷ 두백杜魄 : 소쩍새를 말함.
▷ 소요逍遙 : 슬슬 거닐며 돌아다님, 산책散策, 한가하게 지내는 것을 의미함.

晚夜獨行荒野路 (만야독행황야로)
蛙群鳴聲是鬧擾 (와군명성시요요)
鄰村吠犬虛空裂 (인촌폐견허공열)
林中杜魄哀啼乎 (임중두백애제호)
土臭草香通鼻孔 (토취초향통비공)
天中明月孤照耀 (천중명월고조요)
遠處知友有見月 (원처지우유견월)
仰視銀漢我逍遙 (앙시은한아소요)

소적蕭寂한 암자에서

於蕭寂庵子 (어소적암자)

비껴 부는 바람과 이슬비에 암자는 소적蕭寂하고
잔설殘雪은 물이 되어 골짜기에 흐르니 생기生氣가 도네.
하늘과 땅은 항상 먼저 그 기미幾微를 알리는데
인간은 사후事後에 아는 것도 희미稀微하구나.

細雨斜風庵蕭寂 (세우사풍암소적)
殘雪溶水谷生氣 (잔설용수곡생기)
乾坤恒先報幾微 (건곤항선보기미)
人間事後知稀微 (인간사후지희미)

▷ 소적蕭寂 : 쓸쓸하고 호젓한(고요한) 모양.
▷ 기미幾微 : 앞일에 대對한 예상豫想이나 짐작斟酌.
▷ 사후事後 : 일이 끝난 뒤, 일을 끝낸 뒤.
▷ 희미稀微 : 또렷하지 못하고 흐릿함.

산 속에 살며 날마다 하는 일 · 1

山居日常事 (산거일상사) · 1

산 속에 살며 날마다 하는 일은 새벽에 예불을 드린다.
좌선坐禪과 아침 공양하고 포행 후에는 도량 청소를 한다.
선방에 장작불때기 마치고 포단(좌복)에서 묵묵히 좌선한다.
점심 공양 후에는 포행을 하고 남는 시간은 좌선과 차茶를 즐긴다.

山居日常事 (산거일상사)
曉時禮佛事 (효시예불사)
坐禪及供養 (좌선급공양)
布行後掃事 (포행후소사)
禪房燒木終 (선방소목종)
蒲團上黙坐 (포단상묵좌)
午供兼布行 (오공겸포행)
餘時樂禪茶 (여시락선다)

산 속에 살며 날마다 하는 일 · 2

山居日常事 (산거일상사) · 2

저녁에 예불禮佛을 드리고 밤이 깊도록 좌선坐禪을 한다.
전신全身을 이완弛緩시킨 후, 수면 삼매三昧를 따른다.
이와 같은 일과표日課表를 대강大綱을 제시提示해 본다.
이 글은 자신을 경계하는 것일 뿐, 타인에게 관계되는 일은 아니다.

夕時禮佛事 (석시예불사)
夜深坐禪事 (야심좌선사)
全身弛緩後 (전신이완후)
睡眠三昧自 (수면삼매자)
如此日課表 (여차일과표)
大綱提示也 (대강제시야)
是文自戒耳 (시문자계이)
他人不關事 (타인불관사)

산 속에 살며 날마다 하는 일 · 3

山居日常事 (산거일상사) · 3

동정動靜이 항상 선禪이고, 말할 때나 잠잠할 때 항상 선禪이다.
자나 깨나 성성적적惺惺寂寂하고 일체가 곧 선禪이다.
풍우에도 부동不動한 마음이고, 추우나 더우나 불변의 자리이다.
곳곳이 깨달음의 길이고, 모든 일이 불공佛供하는 자리다.

動靜恒禪座 (동정항선좌)
語默常禪座 (어묵상선좌)
寤寐惺惺寂 (오매성성적)
一切卽禪那 (일체즉선나)
風雨不動心 (풍우부동심)
寒暑不變座 (한서불변좌)
處處菩提道 (처처보리도)
事事佛供座 (사사불공좌)

숯불을 보며   炭火紅焰
(탄화홍염)

활활 타오르던 장작불이 소진燒盡하고
숯불의 불꽃이 찬란燦爛하네.
작은 온돌방은 뜨거워지고
이 밤은 숙면熟眠으로 편안하네.

活火燒木盡 (활화소목진)
炭火紅焰燦 (탄화홍염찬)
小房溫突熱 (소방온돌열)
此夜熟眠安 (차야숙면안)

밤길 夜行
(야행)

밤하늘에 별이 빛나고
홀로 산길을 걸어가네.
먼 마을에는 가로등이 밝고
걸음, 걸음이 경쾌해서 좋네.

夜天炯炯星 (야천형형성)
獨行山間路 (독행산간로)
遠村街燈明 (원촌가등명)
步步輕快好 (보보경쾌호)

▷ 가등街燈 : 거리의 등, 가로등.

유채씨 뿌리다 · 1

播種油菜
(파종유채) · 1

어제와 오늘 밭을 갈고 유채씨를 뿌리니
하늘의 시간이 알맞게 단비를 뿌려주네.
내년 봄 곳곳에 꽃이 만발滿發하리니
군자君子와 함께 한 잔 마시며 노래 부르리.

昨今耕田播油菜 (작금경전파유채)
天時適切甘雨灑 (천시적절감우쇄)
來春處處花滿發 (내춘처처화만발)
與君一杯一歌兮 (여군일배일가혜)

유채씨 뿌리다 · 2

播種油菜
(파종유채) · 2

어제와 오늘 밭을 갈고 유채씨를 뿌리고
내년 봄 곳곳에 유채꽃이 피어나길 기다리네.
산채나물에 두부전과 술 단지 마련하고
그대와 더불어 한 잔 마시며 봄꽃을 완상玩賞하리.

昨今耕田播油菜 (작금경전파유채)
來春處處待開花 (내춘처처대개화)
山菜豆腐備酒樽 (산채두부비주준)
與君一杯玩春花 (여군일배완춘화)

▷ 완상玩賞 : 즐겨 구경함.

마을의 주연酒宴　　　　　　　鄕里酒宴
　　　　　　　　　　　　　　　　　　　(향리주연)

해거름에 시골 마을에 은사隱士를 방문하여
곡차穀茶 건배하며 노래를 부르네.
부엌의 기둥에 걸려있는 시는 가을의 경치를 읊었고
집 뒤뜰에는 풀벌레가 가을을 노래하네.
밤하늘에 별은 밝은데 서늘한 바람이 차갑고
은사隱士의 만담漫談으로 웃음꽃이 피어나네.
주연酒宴을 끝내고 사립문을 나와 산길을 걸어
캄캄한 밤에 홀로 걸어서 절에 돌아왔네.

▷ 후정後庭 : 집 뒤에 있는 뜰이나 마당.
▷ 은사隱士 : 숨어 사는 선비.
▷ 주주廚柱 : 부엌에 기둥.

日暮鄕里訪隱士 (일모향리방은사)
穀茶乾杯唱歌詞 (곡차건배창가사)
廚柱掛詩吟秋景 (주주괘시음추경)
後庭草蟲詠秋思 (후정초충영추사)
夜天星明冷涼風 (야천성명냉양풍)
隱士漫談發笑華 (은사만담발소화)
罷宴出扉行山徑 (파연출비행산경)
黑夜獨步歸來寺 (흑야독보귀래사)

시월 상달   十月上月
(시월상월)

시월 상달에 밤하늘은 밝고
달빛 아래 밤길을 걸어가네.
걸음걸음마다 경쾌하고
날마다 자성自性을 보니 행복하네.

上月夜天明 (상월야천명)
月下夜路行 (월하야로행)
步步輕安成 (보보경안성)
日日見性幸 (일일견성행)

▷ 자성自性 : 본래 가지고 있는 진성眞性, 자성본불自性本佛 준말.

제 3 부

일상 이야기 (3)

영축산의 하룻밤 인연 · 1　　　靈鷲一宿緣
　　　　　　　　　　　　　　　　　　(영축일숙연) · 1

영축산의 하룻밤 인연이여!

범종소리 온 도량을 깨우네.

먼동이 틀 무렵 상강霜降의 바람 부니

단풍잎 떨면서 바람에 나부끼네.

靈鷲一宿緣 (영축일숙연)

梵鐘道場覺 (범종도량교)

曉晨霜降風 (효신상강풍)

楓葉怣飄飄 (풍엽공표표)

▷ 교覺 : (각, 교) 깨달을 각, 깰 교.
▷ 공怣 : 떨 공, 전율할 공.
▷ 표표飄飄 : 나부끼다. 바람 부는 모양.
▷ 상풍霜風 : 상강霜降일에 부는 바람.

영축산의 하룻밤 인연 · 2   靈鷲一宿緣
(영축일숙연) · 2

영축산 적멸보궁에서 하룻밤 묵은 인연이여!
범종의 미묘한 소리에 온 도량이 깨어나네.
먼동이 틀 무렵 상강霜降의 바람은 차갑고
단풍숲(丹楓林)에 홍엽紅葉이 떨면서 나부끼네.

靈鷲寶宮一宿緣 (영축보궁일숙연)
梵鐘妙音道場覺 (범종묘음도량교)
曉晨霜降風冷冷 (효신상강풍냉냉)
楓林紅葉供飄飄 (풍림홍엽공표표)

무심히 자다 　　　　　　　　　　　無心睡
　　　　　　　　　　　　　　　　　　(무심수)

가을 하늘에 흰 구름 날아가고
산과 들에는 단풍이 수려하네.
토방에 장작불(長斫火) 때고
베개 베고 무심(無心)히 푹 잤네.

秋天白雲飛 (추천백운비)
山野紅葉秀 (산야홍엽수)
土房長斫然 (토방장작연)
枕上無心睡 (침상무심수)

▷ 연然 : 그럴 연, 불탈 연. 연燃과 같음.

여름날에　　　　　　　　　夏日
　　　　　　　　　　　　　　(하일)

도량에 연꽃이 아름답게 피어나니
꾀꼬리와 청개구리가 합창하네.
밤꽃 향기 산골짜기 그윽하니
꿀벌들이 날아와 분주하게 일하네.

道場蓮花開美麗 (도량연화개미려)
鶯鳥靑蛙鳴合唱 (앵조청와명합창)
栗花香氣幽山谷 (율화향기유산곡)
蜜蜂飛來作奔忙 (밀봉비래작분망)

팔공산 연회宴會 · 1

八公山宴會
(팔공산연회) · 1

팔공산 동화사에 가을비 내리고
옛적 도반들 서로 만나니 좋구나.
송이버섯 진수성찬에 기쁨과 즐거움 가득하고
한 잔 마시는 중에 만담漫談으로 웃는다.

八公桐華秋雨下 (팔공동화추우하)
舊時道伴相遇好 (구시도반상우호)
松茸珍饌悅樂滿 (송이진찬열락만)
一杯飮中漫談笑 (일배음중만담소)

팔공산 연회宴會 · 2 　　　　八公山宴會
　　　　　　　　　　　　　　　(팔공산연회) · 2

팔공산에 가을비 내리고
파계사의 계곡 물소리는 크구나.
도우道友들이 한 자리에 모이고
차와 공양으로 기쁘고 즐겁고 좋구나.

八公秋雨下 (팔공추우하)
把溪水聲高 (파계수성고)
道友一座會 (도우일좌회)
茶飯悅樂好 (다반열락호)

밤 줍기　　　　　　　　　　　拾栗
　　　　　　　　　　　　　　　　　(습율)

산밭山田에서 밤 줍다 하루해가 가고
집에 돌아와 불전佛前에 밤 단지 헌공獻供하였네.
토방에 홀로 앉아 곡차穀茶 한 잔 들고서
멀리 있는 지음知音을 추억하며 기뻐하네.

山田拾栗去日陽 (산전습율거일양)
歸來佛前獻栗甁 (귀래불전헌율병)
獨坐土房擧穀茶 (독좌토방거곡차)
天外知音追憶慶 (천외지음추억경)

망폭정과 청우헌

望瀑亭과 聽雨軒
(망폭정과 청우헌)

폭포를 바라보는 정자(집)라는 망폭정 명칭을 처음 들었지.
또 빗소리 듣는 행랑(집)이라는 청우헌 명칭도 처음 들었네.
무슨 말인지 그 말의 뜻 알 수가 없었지.
그 말의 뜻 알고 난 후엔 한바탕 크게 웃었네.

初聞望瀑亭 (초문망폭정)
又聞聽雨軒 (우문청우헌)
不知如何語 (부지여하어)
知後大笑焉 (지후대소언)

▷ 중국 어느 지방의 화장실에 붙어있는 이름. 남자 화장실을 望瀑亭(망폭정), 폭포를 바라보는 집(정자)이라고 부르고, 여자 화장실을 聽雨軒(청우헌), 빗소리 듣는 집(행랑)이라고 부른다.

열정산악회 축하연 　　熱情山岳會祝賀宴
　　　　　　　　　　　　　　(열정산악회축하연)

열정산악회 대장의 가평집에서
열정회원들 함께 서로 만났네.
시은님 회갑에 환희하고 축하하며
오리탕 진수성찬에 벗들이 즐겁고 기쁘네.

山岳隊長加平家 (산악대장가평가)
熱情會員共相遇 (열정회원공상우)
恃昕回甲祝歡喜 (시은회갑축환희)
鶩湯珍饌悅樂友 (목탕진찬열락우)

▷ 열정산악회는 고려사이버대학교 사회복지계열 졸업 동기들로 구성됨.

두견화(진달래꽃)   杜鵑花
                                                     (두견화)

이파리 한 장 없이도
봄을 만천하滿天下에 알리고
한 소리, 한 마디 없이도
커다랗게 시절을 바꾸네.

杜鵑無一葉 (두견무일엽)
春傳滿天下 (춘전만천하)
一聲無一言 (일성무일언)
大易時節化 (대역시절화)

▷ 저자가 영축산 통도사에 활짝 핀 진달래꽃을 사진 찍어 취해翠海 이주연님에게 보내며, '진달래꽃 활짝 피었네'라는 시를 지어 보냈더니, 이주연님이 답시를 지어 보내왔는데, 그 시가 너무 좋아서 저자가 한시漢詩로 옮겨 지은 글이 이 '두견화' 5언 절구이다.

가랑비 내리는 날　　　　濛雨偶吟
　　　　　　　　　　　　　　　（몽우우음）

게으른 스님이 잠에서 깨어나니
선방禪房 창문을 가랑비가 두드리고 있네.
산 빛은 비를 머금어 더욱 검푸르고
젖은 새는 새집을 향해 몸을 던지네.
계절이 바뀌니 봄꽃이 가고
꽃은 가도 정분情分은 남아 있네.
종일토록 아무런 일도 없고
간간히 산비둘기 우는 소리만 들리네.

▷ 간간間間 : 간간이, 공간적인 거리를 두고 듬성듬성.
▷ 오수寤睡 : 잠깰 오(잠을 깨다, 깨닫다, 만나다), 졸을 수.
▷ 몽우濛雨 : 가랑비 올 몽(몽우 : 이슬비).

懶僧寤睡眠 (나승오수면)
禪窓擊濛雨 (선창격몽우)
山色含水暗 (산색함수암)
濕鳥向巢投 (습조향소투)
換節春花去 (환절춘화거)
花去情分有 (화거정분유)
終日無一事 (종일무일사)
間間聞山鳩 (간간문산구)

가랑비는 청산을 지나고

濠過靑山
(몽과청산)

가랑비 청산을 지나고 흰 구름 날아가는데
들밭에 청보리 거친 바람에 쓰러지네.
장마 중 먼 곳에서 절친切親이 찾아와
함께 술 마시며 담소談笑하는 사이 밤은 깊어가네.

濠過靑山飛白雲 (몽과청산비백운)
野田靑麥靡荒風 (야전청맥미황풍)
淋中遠處訪切親 (림중원처방절친)
對酌談笑深夜中 (대작담소심야중)

가을 물, 높은 하늘 　　　　秋水長天
　　　　　　　　　　　　　　　　(추수장천)

가을 물은 맑고 높은 하늘에 기러기들 행렬 지어 날아가네.
일색一色의 하얀 갈대꽃 바람 따라 춤을 추네.
어제의 여름철 뜨거운 열기는 하늘 밖으로 물러갔네.
오늘부터 청량淸凉함으로 큰 풍년(大豊)을 맞이하리라.

秋水長天飛雁行 (추수장천비안항)
一色蘆花舞隨風 (일색노화무수풍)
昨日暑熱退天外 (작일서열퇴천외)
今後淸凉迎大豊 (금후청량영대풍)

가을 하늘이
푸른 바다와 같네

秋天如碧海
(추천여벽해)

가을 하늘은 푸른 바다와 같고
너른 들에는 누런 벼가 가득하네.
이러한 날 그대(군자君子)와 함께
한 잔하고 또 노래를 부르네.

秋天如碧海 (추천여벽해)
廣野滿黃禾 (광야만황화)
此日與君子 (차일여군자)
一杯又當歌 (일배우당가)

고기잡이배의 등불　　　　　　　漁火 (어화)

천하를 두루 돌아다니며 유람遊覽하는 나그네가
하루 해 질 무렵 선창船艙가에 이르렀네.
바다 위(해상海上) 갈매기는 날아오르고
고기잡이 등불 낱낱(점점點點)이 밝게 빛나네.

周遊天下客 (주유천하객)
一暮船艙到 (일모선창도)
海上白鷗飛 (해상백구비)
漁火點點昭 (어화점점소)

구름 나그네   雲客
                     (운객)

구름 나그네가 천릿길을 가다가
드디어 섬진강에 당도當到했네.
강변에 가로수 단풍잎은 떨어지고
나그네 마음은 가을빛으로 가득하네.

雲客千里行 (운객천리행)
當到蟾津江 (당도섬진강)
路邊楓葉落 (로변풍엽락)
旅心秋色張 (여심추색장)

산사의 풍경　　　　山寺之風景
　　　　　　　　　　　　　(산사지풍경)

탑 앞에 청매의 꽃눈 피어나기 시작하네.

뒤뜰에 대숲은 더욱 푸르고 산뜻하구나.

봄을 만난 산 빛은 비 온 뒤 더욱 푸르네.

쓸쓸하고 고요한 산사山寺 사람이 보이지 않구나.

塔前靑梅始花芽 (탑전청매시화아)

後庭竹林尤靑新 (후정죽림우청신)

逢春山色雨後靑 (봉춘산색우후청)

蕭寂山寺不見人 (소적산사불견인)

이태원 참사 영가의 명복을 빕니다 　祈願梨泰院慘事靈駕冥福 (기원이태원참사영가명복)

이태원 참사慘事로
사망자와 부상자가 매우 큽니다.
국민은 애도哀悼로 침울沈鬱하고
유가족들의 깊은 상심傷心으로 슬픕니다.
몸과 마음의 치유가 하루속히 이루어지고
준비를 철저히 하여 근심 없기를 바랍니다.
정부政府 당국자當局者는
철저하게 더욱 대비하여야겠습니다.

梨泰院慘事 (이태원참사)
死傷者甚大 (사상자심대)
國民哀悼沈 (국민애도침)
家族傷心哀 (가족상심애)
速成心身癒 (속성심신유)
徹備無患待 (철비무환대)
政府當局者 (정부당국자)
徹底尤對備 (철저우대비)

동안거일에   於冬安居日
                    (어동안거일)

동안거일冬安居日 곧 도래到來하니
운수납자雲水衲子 선방禪房으로 돌아가네.
구참舊參도반 무문관無門關에 들어가서
한바탕 지혜의 칼 찾아 향상向上의 가행정진加行精進을 하네.

冬安居日卽到來 (동안거일즉도래)
雲水衲子歸禪房 (운수납자귀선방)
舊參道伴入無門 (구참도반입무문)
一場尋劍加向上 (일장심검가향상)

▷ 동안거일冬安居 : 해마다 음력 10월 15일부터 이듬해 음력 1월 15일까지 일정한 곳에 살며 수도修道하는 일.
▷ 운수납자雲水衲子 : 구름과 물처럼 정처 없이 다니며 수행하는 선승禪僧을 말함.
▷ 무문관無門關 : 송宋나라의 무문혜개無門慧開선사가 지은 책. 원명은 선종 무문관 禪宗 無門關이다.
▷ 여기서는 3개월간 출입문을 차단하고 참선하는 선방禪房을 무문관이라 말함.
▷ 구참납자舊參衲子 : 참선을 오래해 온 선사禪師를 말함.
▷ 심검尋劍 : 지혜의 칼을 찾는 것을 말함.
▷ 가행정진加行精進 : 일상의 수행시간보다 더 많은 시간을 정진하는 것임.

삼성반월교三星半月橋에서   於三星半月橋
                           (어삼성반월교)

세 개의 별과 반달로, 마음을 표현한 삼성반월교는

옛사람(고인古人)의 풍류風流가 천고千古에 빛나네.

소나무숲에 만발滿發한 진달래(두견화杜鵑花)꽃은

봄나들이 나온 방문객에게 수줍은 얼굴로 웃으며 맞이하네.

三星半月心之橋 (삼성반월심지교)
古人風流輝千古 (고인풍류휘천고)
松林爛漫杜鵑花 (송림난만두견화)
春遊訪客迎紅笑 (춘유방객영홍소)

▷ 삼성반월교三星半月橋 : 통도사 일주문 앞에 있는 세 개의 무지개 다리로 1937년 인천의 김치수 거사의 시주와 경봉스님의 불사원력에 의해 건립되었다. 삼성반월三星半月은 마음심(心)을 뜻한다. 삼성三星은 세 개의 별(점)을, 반월半月은 나머지 한 획(반달)을 나타낸다. 따라서 '삼성반월'는 곧 '일심교一心橋'를 의미한다. 일주문 쪽의 다리 앞에 양쪽으로 2개의 표지석이 세워져 있는데, 오른쪽은 '삼성반월교三星半月橋'라 새기고 왼쪽은 '영조운산리影照雲山裏'라 새겨져 있다. 경봉스님(1892~1982)이 짓고 쓴 글씨이다. 운산雲山은 삼성반월교를 마주하는 영축산靈鷲山을 의미하는데 풀이하면 '영축산의 참된 모습이 계곡에 비친다'는 뜻이다.

붉은빛 토吐하는 석양   吐紅夕陽
(토홍석양)

입춘에 눈바람 몰아쳐 산사山寺는 추운데
양지陽地에 붉은 매화나무 꽃눈이 트기 시작하네.
법회法會를 마친 모든 사람 본처本處로 돌아가고
붉은 빛 토吐하는 석양 나와 더불어 공존共存하네.

立春雪風寒山寺 (입춘설풍한산사)
陽地紅梅始花芽 (양지홍매시화아)
罷會諸人歸本處 (파회제인귀본처)
吐紅夕陽共與我 (토홍석양공여아)

▷ 파회罷會 : 법회法會를 마침.

일상카페 　　　　　　　　　日常酒店
　　　　　　　　　　　　　　　　(일상주점)

파주시坡州市 적성면赤城面에 있는 일상日常카페에는
벽면壁面에 가득찬 채색彩色의 그림들이 눈동자를 크게 하네
열정적이고 의義로운 사람을 특별히 신임信任하는 카페 주인은
시와 그림, 시화詩畫와 문학文學으로 세상과 소통疏通하네.

積城日常茶酒店 (적성일상다주점)
滿壁彩畫瞳孔太 (만벽채화동공태)
主公義士特信任 (주공의사특신임)
詩畫文學疏通世 (시화문학소통세)

▷ 정태임(정太任) 여사女史의 이름인 '태임太任'을 넣어 지은 시.
▷ 일상日常카페 : 파주시 적성면에 있는 카페.
▷ 주공主公 : 일상 카페 사장.

석양　　　　　　　　　　　夕陽
　　　　　　　　　　　　　　　(석양)

입춘에 눈바람은 차가운데
붉은 매화나무는 꽃눈이 트기 시작하네.
법회法會를 마치니 모든 사람 돌아가고
석양夕陽은 나와 더불어 공존共存하네.

立春寒雪風 (입춘한설풍)
紅梅始花芽 (홍매시화아)
罷會歸諸人 (파회귀제인)
夕陽共與我 (석양공여아)

입춘을 기다리며　　　　　待立春
　　　　　　　　　　　　　　　　　(대입춘)

입춘이란 좋은 친구가 쉽게 오는 것이 아니니
심한 혹한酷寒의 싫은 벗이 한 번 지나가야 온다네.
대도大道가 활짝 열리는 것도 간단한 일이 아니니
뼈에 사무치게 몸을 한 번 바꿔야 비로소 얻는다네.

立春善友不易來 (입춘선우불이래)
酷寒嫌友一番過 (혹한혐우일번과)
大道豁開非簡單 (대도활개비간단)
徹骨轉身始得果 (철골전신시득과)

▷ 선우善友 : 착하고 어진 벗.
▷ 전신轉身 : 몸을 바꿈, 몸과 마음을 완전히 바꾸는 것을 뜻함.
▷ 득과得果 : 불도佛道를 수행修行하여 그 과보果報를 얻음, 깨달음을 얻음, 오도悟道.
▷ 철골徹骨 : 뼈에 사무침.

별빛 夜天星光
(야천성광)

밤하늘의 별빛은 영겁永劫에서 왔고
산봉우리에 달빛도 또한 이와 같구나.
봄눈이 바람에 날려 산과 들에서 흩어지고
토방에 선승禪僧은 창밖을 응시凝視하네.

夜天星光永劫來 (야천성광영겁래)
山峯月光亦如是 (산봉월광역여시)
春雪風飛山野散 (춘설풍비산야산)
土房禪僧窓外視 (토방선승창외시)

▷ 영겁永劫 : 영원한 세월.

비바람 부는 밤에 　　　　夜來風雨
　　　　　　　　　　　　　　　　(야래풍우)

밤 동안에 비바람이 불어오고
끊임없이 객창客窓을 두드리네.
산중에는 본래 아무 일도 없고
베개 베고 누워서 산골짜기 물소리 듣네.

夜來風雨兮 (야래풍우혜)
不絕客窓扣 (부절객창구)
山中本無事 (산중본무사)
枕上聞溪水 (침상문계수)

▷ 객창客窓 : 나그네, 여행객이 머무는 객실客室의 창窓.

제 4 부

일상 이야기 (4)

풍경소리　　　　　　　　　　風磬頌
　　　　　　　　　　　　　　　　(풍경송)

높고 멀고 넓은 하늘은 끝없이 푸르고
온 산은 겹겹이 붉은 단풍으로 물들어가네.
한 줄기 시원한 바람 불어오니
처마 끝에 풍경風磬소리 울리네.

長天無盡靑 (장천무진청)
滿山重重紅 (만산중중홍)
一條涼風來 (일조양풍래)
檐下風磬頌 (첨하풍경송)

춘난화풍

春暖和風
(춘난화풍)

따뜻한 봄, 바람은 화창한데 일없이 한가하고
산수유 꽃마다 꿀벌들 바쁘게 날아다니네.
먼 산의 이어진 봉우리들은 한 폭의 그림 같고
물 흐르고 꽃 피어나니 그대로 화장세계로다.

春暖和風無事閑 (춘난화풍무사한)
茱萸花枝蜜蜂忙 (수유화지밀봉망)
遠山連峯一幅畫 (원산연봉일폭화)
水流花發卽華藏 (수류화발즉화장)

▷ 화장세계華藏世界 : 진리의 세계, 극락세계, 평화로운 세상.

춘설春雪 　　　　　　　　　　　　春雪
　　　　　　　　　　　　　　　　　(춘설)

하룻밤 사이 내린 봄눈은 해질녘에 사라지고
산길 거리에 가로등불 켜지기 시작하네.
도량 소제掃除를 마치니 몸과 마음은 경쾌하고
홀로 하늘과 땅을 걸으니 기세등등氣勢騰騰 흥기興起하네.

終夜春雪日暮消 (종야춘설일모소)
山徑街巷方點燈 (산경가항방점등)
道場掃除心身輕 (도량소제심신경)
獨步乾坤氣勢興 (독보건곤기세흥)

▷ 기세등등氣勢騰騰 : 기세氣勢가 매우 높고 힘찬 모양.
▷ 흥기興起 : 감동되어 떨쳐 일어남.

초승달

夜天眉月
(야천미월)

밤하늘에는 흰 구름이 날고
산봉우리에는 눈썹달이 떠오르네.
오늘 찬바람이 몰아쳐도
내일은 따뜻한 봄이 온다네.

夜天飛白雲 (야천비백운)
山峯出眉月 (산봉출미월)
今日擊寒風 (금일격한풍)
明日來暖節 (명일래난절)

▷ 미월眉月 : 눈썹같이 생긴 초승달.

부엉이 소리 들으며 　　　　　聞鴞鳴
　　　　　　　　　　　　　　　　　(문효명)

밤하늘에 성운星雲은 모래먼지같이 희미하고
깊은 골짜기에 부엉이 우는 소리는 끝이 없네.
홍매의 새싹은 스스로 열렸다가 닫히고
푸른 대나무는 솟아올라 홀로 크게 떨치네.
추움과 따뜻함이 조화롭지 못해 절기를 구분하기 어렵고
양지바른 곳에 닭이 졸며 따뜻한 봄을 기다리네.
산속 토방에 살며 나무하는 늙은이(노옹老翁)는
종일토록 땔감을 운반하다가 별을 보고 쉬네.

▷ 성운星雲 : 구름이나 안개 모양으로 흐릿하게 보이는 별의 떼.
▷ 사진沙塵 : 연기처럼 자욱하게 일어나는 모래 섞인 흙먼지.
▷ 애曖 : 희미할 애 (희미하다, 가려지다, 가리다).
▷ 유곡幽谷 : 깊은 산골.
▷ 효명鴞鳴 : 부엉이 효鴞, 울 명鳴.

夜天星雲曖沙塵 (야천성운애사진)
幽谷鴟鴞鳴無盡 (유곡치효명무진)
紅梅萌芽自開緘 (홍매맹아자개함)
翠竹聳出獨大振 (취죽용출독대진)
寒溫不調難分節 (한온부조난분절)
陽地鷄睡待暖春 (양지계수대난춘)
山居土房負木翁 (산거토방부목옹)
終日搬柴休見辰 (종일반시휴견진)

▷ 맹아萌芽 : 식물植物에 새로 트는 싹. 사물事物의 시초始初가 되는 것.
▷ 함緘 : 봉할 함(봉封하다, 꿰매다, 묶다).
▷ 대진大振 : 크게 떨치다.
▷ 반시搬柴 : 옮길 반搬, 섶 시柴, 땔나무 시.

자야독작에 차운하다   次子夜獨酌韻 (차자야독작운)

어젯밤 황금 달은 새벽하늘로 사라지고
오늘 아침 빛나는 해는 바다에서 떠오르네.
백중일에 염불소리가 티끌 수만큼 많은 세상에 항상 하고
오직 부처님의 위신력이 시방세계 덮어지길 염원하네.

昨夜黃月曉天去 (작야황월효천거)
今朝光日海上來 (금조광일해상래)
百中念佛塵刹長 (백중염불진찰장)
唯願佛力十方蓋 (유원불력시방개)

▷ 장長 : 길다. 자라다. 나아가다. 우두머리. 처음. 항상恒常.

자야독작 子夜獨酌

연청 정상일

子夜獨酌
(자야독작)

자시 밤에 홀로 술 마시다

달은 백운에 숨어 바람 따라 흘러가고

한 점 아득한 별, 유성이 거꾸로 오네.

긴 가을밤에 술 한 잔, 또 한 잔 마시고 세 번 생각하다가

천 근심, 만 가지 생각이 빈 잔을 채우네.

月隱白雲隨風去 (월은백운수풍거)

一點渺星流逆來 (일점묘성유역래)

再杯三思秋夜長 (재배삼사추야장)

千愁萬慮空盞蓋 (천수만려공잔개)

옛 집에 비친 가을 달

秋月照古家
(추월조고가)

가을 달이 옛 집에 비추는데
나그네는 앉아서 묵연하네.
찬바람은 스스로 왕래하는데
산새 울음이 처연하게 들리네.

秋月照古家 (추월조고가)
一客坐默然 (일객좌묵연)
寒風自往來 (한풍자왕래)
山鳥鳴凄然 (산조명처연)

▷ 추월秋月 : 가을 달.
▷ 묵연默然 : 잠잠하여 말이 없음.
▷ 처연凄然 : 외롭고 쓸쓸하고 구슬픈 모양.

겨울의 푸른 하늘   冬日碧天 (동일벽천)

겨울날의 푸른 하늘이 좋구나.
홀로 산과 들길을 걸어가네.
드문드문 갈대꽃이 흔들리고
인삼밭에는 부부夫婦가 일하고 있네.

冬日碧天好 (동일벽천호)
獨行山野路 (독행산야로)
疏疏蘆花搖 (소소노화요)
蔘田夫婦勞 (삼전부부노)

달이 뜨네　　　　　　　　　出明月
　　　　　　　　　　　　　　　(출명월)

겨울 밤 산봉우리 위에 밝은 달이 솟아오르고
고요하고 적막한 산사山寺에는 달빛이 비치네.
야반夜半에 선당禪堂에 말없이 앉아 있는데
어느 새 창밖에는 새벽빛이 가까이 다가오네.

寒夜山峯出明月 (한야산봉출명월)
寂寥山寺暎月光 (적요산사영월광)
夜半禪堂坐無言 (야반선당좌무언)
於焉窓外近曉光 (어언창외근효광)

입춘맞이   迎春
                                                       (영춘)

밤사이 상서祥瑞로운 눈이 내려 산과 들을 덮고
새벽하늘에 하현달은 나무 사이에 걸렸네.
이른 아침 붉은 해가 입춘을 맞이하고
석등에 촛불 빛은 간절한 소원을 머금었네.

夜間瑞雪蓋山野 (야간서설개산야)
曉天下弦掛林間 (효천하현괘임간)
早朝紅日迎立春 (조조홍일영입춘)
石燈燭光含願懇 (석등촉광함원간)

▷ 영춘迎春 : 봄을 맞이함. 영춘.
▷ 서설瑞雪 : 상서祥瑞로운 눈.
▷ 하현下弦 : 음력 매달 스무 이틀, 사흘 무렵에 뜨는 달.
▷ 촉광燭光 : 촛불의 빛.

봄소식을 기다리며   暫徊春信 (잠회춘신)

푸른 하늘에는 간간이 흰 구름이 떠있고

산봉우리에 바람 소리는 요란搖亂스럽고 무섭네.

북쪽에서 불어오는 차가운 눈은 산길에 쌓이고

봄소식은 잠시 머뭇거리고 다시 추운 겨울(엄동嚴冬)이네.

靑天間間白雲浮 (청천간간백운부)

山嶺風聲搖亂恐 (산령풍성요란공)

北風寒雪積山徑 (북풍한설적산경)

暫徊春信再嚴冬 (잠회춘신재엄동)

▷ 간간間間 : 간간이.
▷ 산경山徑 : 산길.
▷ 춘신春信 : 봄소식.
▷ 배회徘徊 : 목적이 없이 거닒.
▷ 회徊 : 머뭇거릴 회. 머뭇거리다. 노닐다. 배회하다. 어정거리다.

제 5 부

자연과 더불어 (1)

산야 초목이 법화의 세계이네

山野草木法華境
(산야초목법화경)

하늘은 푸르고 들녘은 풍년인데 흰 구름 날아가네.
장작을 짊어지고 걷는 걸음이 가볍구나.
돌계단 사이에 고운 꽃은 화엄의 변상도요.
산과 들의 초목은 법화의 세계로다.

青天豊野白雲飛 (청천풍야백운비)
荷擔長斫步步輕 (하담장작보보경)
石階彩花變相圖 (석계채화변상도)
山野草木法華境 (산야초목법화경)

온 산이 붉게 물들어   滿山紅葉
(만산홍엽)

온 산이 붉게 물들어 가을 단풍 화려하고
벗을 만나 차와 이야기로 환희의 꽃 피어나네.
공문空門에서 서로 만난 그 세월이 아득하고
깊은 산골에 부엉이 울음 가슴(마음)에 전해 오네.

滿山紅葉秋色華 (만산홍엽추색화)
逢友茶談歡花發 (봉우차담환화발)
空門相逢光陰渺 (공문상봉광음묘)
幽谷鴞鳴胸中達 (유곡효명흉중달)

▷ 공문空門 : 불교 수행 공동체(승가僧伽)를 의미함. 불문佛門, 절, 사찰寺刹이라고도 표현함.

우연히 읊다 · 1   偶吟
                                          (우음) · 1

바람 따라 비 내림이여!
산사의 밤은 깊고 고요하네.
처마에 낙수 소리는 정겨운데
꾀꼬리 소리 가슴에 가득 쌓이네.

隨風雨來兮 (수풍우래혜)
山寺夜深寂 (산사야심적)
檐落水聲情 (첨락수성정)
鶯音滿胸積 (앵음만흉적)

우연히 읊다 · 2

偶吟
(우음) · 2

인생은 바람같이 왔다가
바람같이 사라져 무화無化하는 것이다.
생각과 생각, 이와 같이 관하면
삶과 죽음(생사生死)에 걸림 없이 빛나리라.

人生如風來 (인생여풍래)
如風去無化 (여풍거무화)
念念如是觀 (염념여시관)
生死無碍華 (생사무애화)

▷ 무애無碍 : 걸림이 없음.

공작산의 풍경　　　　　孔雀山景
　　　　　　　　　　　　　　　(공작산경)

공작산에 가을 단풍 저물어 가는데
고요한 밤, 뒷산 산봉우리에 부엉이 울음 들리네.
시간 가는 줄 모르고 도반道伴과 차담茶談 나누다가
다음날 여행을 위해 잠시 잠을 청하네.

孔雀山中秋色暮 (공작산중추색모)
寂夜後峰鴞鳴聽 (적야후봉효명청)
道伴茶談不知時 (도반차담부지시)
明日旅行暫睡請 (명일여행잠수청)

▷ 공작산 : 홍천 공작산 수타사가 천년 고찰로 유명하다.
▷ 효명鴞鳴 : 부엉이 소리.
▷ 도반道伴 : 함께 불도佛道 닦는 벗.

행선行禪을 마치다

終行禪
(종행선)

저녁 빛이 어둑어둑할 때 행선行禪을 마치고
통나무 짊어지고 와서 도끼로 네 쪽으로 나눴네.
선방에 불 땐 연기는 가을빛(단풍)과 어울리고
밤에는 앉아 마음을 관하니 정수리(정문)가 솟아나네.

暮色蒼然終行禪 (모색창연종행선)
荷擔統木斧四分 (하담통목부사분)
禪房炊煙櫻秋色 (선방취연영추색)
夜坐觀心躦頂門 (야좌관심찬정문)

▷ 영櫻 : 어울릴 영. 어울리다.
▷ 찬躦 : 솟을 찬.

모악산 금산사에서 · 1   於母岳山金山寺
(어모악산금산사) · 1

천하를 두루 돌아다니는 구름과 물 같은 나그네를
천년 미륵부처님이 얼굴 마주 보고 미소 짓네.
용화전龍華殿 부처님 앞에 공경히 예배 올리니
바람을 타고 날아 흩어지는 붉은 단풍잎이
미륵부처님 계신 곳에 가득 쌓이네.

周遊天下雲水客 (주유천하운수객)
千年彌勒對面笑 (천년미륵대면소)
龍華佛前恭敬禮 (용화불전공경례)
風飛紅葉滿佛所 (풍비홍엽만불소)

모악산 금산사에서 · 2 　　於母岳山金山寺(어모악산금산사) · 2

모악산 아래 금산사가 있으니
용화회상에 미륵부처님이시네.
만인萬人의 예배 공경은 항상 쉼이 없고
천겁千劫을 지나도 부처님 광명은 더욱 빛나리.

母岳山下金山寺 (모악산하금산사)
龍華會上彌勒佛 (용화회상미륵불)
萬人頂禮常不休 (만인정례상불휴)
歷千劫而輝光佛 (역천겁이휘광불)

별을 보며 견성우
(見星友)

밤하늘에 별 친구들은 드문드문 밝고
탑 아래에 등촉燈燭은 은은히 비치네.
토방土房의 화구火口에는 장작이 타고 있는데
수좌首座의 머리 위에는 흰 빛이 밝게 비치네.

夜天星友疎疎明 (야천성우소소명)
塔下燈燭隱隱照 (탑하등촉은은조)
土房火口長斫燒 (토방화구장작소)
首座頭上白光昭 (수좌두상백광소)

▷ 등촉燈燭 : 등불(燈)과 촛불.
▷ 소疎 : 소통하다, 트이다, 드물다, 성글다(물건 사이가 뜨다).
▷ 소소疎疎 : 드문드문.
▷ 화구火口 : 아궁이.
▷ 수좌首座 : 참선하는 수행승의 높임말.

가을날 아침 안개 　　　秋日朝霧
　　　　　　　　　　　　　　　　(추일조무)

가을날 아침 안개가 골짜기에 머물고
새는 울며 분주히 단풍숲에 나는구나.
남천죽나무는 잎과 열매가 붉게 물들고
유수 같은 세월은 겨울 속으로 달리네.

秋日朝霧留谷口 (추일조무유곡구)
鳥鳴奔走飛丹楓 (조명분주비단풍)
南天竹木紅葉實 (남천죽목홍엽실)
流水光陰走冬中 (유수광음주동중)

▷ 남천죽南天竹 : 매자나뭇과의 상록관목常綠灌木.

눈꽃 경치 雪花景
(설화경)

어젯밤에 봄눈이 내리더니
아침의 경치가 흰 눈꽃으로 꾸며졌네.
눈 속에 한매寒梅의 꿈은
빨리 따뜻한 봄기운이 오기를 바라네.

昨夜春雪下 (작야춘설하)
朝景白花裝 (조경백화장)
雪中寒梅夢 (설중한매몽)
速來暖氣望 (속래난기망)

▷ 작야昨夜 : 어젯밤.

눈송이 　　　　　雪片下
　　　　　　　　　　　　　(설편하)

멀고 가까운 산과 들에 눈송이 내리고
강풍은 연속해서 창과 문(창호窓戶)을 치네.
보름달은 보이지 않고 겨울밤은 깊어 가는데
한 물건을 비춰보니 신비로운 기운으로 바뀌네.

遠近山野雪片下 (원근산야설편하)
連續强風窓戶擊 (연속강풍창호격)
不見望月寒夜深 (불견망월한야심)
照見一物神氣易 (조견일물신기역)

▷ 설편雪片 : 눈송이.
▷ 망월望月 : 보름달.
▷ 조견照見 : 불교에서 마음 챙김, 마음 집중, 통찰洞察을 의미함.
▷ 신기神氣 : 신비神秘롭고 불가사의不可思議한 운기雲氣.

지금 당장이 선정禪定일세   卽今禪定
                                                            (즉금선정)

노천탕 속에서 반신욕半身浴하는데

가을바람은 왕래往來하고 하늘은 푸르고 높네.

소나무 사이로 푸른 바다가 눈앞에 열려 있고

날마다 화평和平하고 즐거우니 지금 당장이 선정禪定일세.

露天湯中潛半身 (노천탕중잠반신)

秋風往來高靑天 (추풍왕래고청천)

松間蒼海開眼前 (송간창해개안전)

日日和樂卽今禪 (일일화락즉금선)

백아와 종자기가 어찌 옛날에만 있었으랴 伯牙與鐘子期何有古
(백아여종자기하유고)

벽촌에 은거하는 선비들과 홀연히 모임으로 만나니
세 분의 선생과 깊은 담론은 끝이 없구나.
옛날과 지금에 관통하니 이것이 지음知音이로다.
백아와 종자기가 어찌 옛날에만 있었으랴.

僻村隱士忽會遇 (벽촌은사홀회우)
三師玄談無盡消 (삼사현담무진소)
古今貫通是知音 (고금관통시지음)
伯牙子期何有古 (백아자기하유고)

▷ 백아伯牙 : 중국 춘추전국시대 때 거문고의 명인名人.
▷ 종자기鍾子期 : 백아伯牙의 친구. 절친切親. 종자기는 백아가 거문고 타면 소리만 들어도 백아가 표현하고자 하는 속마음을 정확히 알아 맞힘. 나중에 종자기가 병을 얻어 죽자, 백아는 자신의 거문고 소리를 알아줄 사람이 없다고 한탄하고 거문고를 부숴버리고 줄을 끊어(백아절현 伯牙絶絃) 죽을 때까지 두 번 다시 거문고를 들지 않았다.
이 세상에서 자기 거문고 소리를 들어줄 사람이 없었기 때문이다. 이것이 백아절현伯牙絶絃의 고사古事이다.

천불천탑 운주사   千佛千塔雲住寺
(천불천탑운주사)

천불 천탑의 운주사에
탑 속의 부처님 미소에 내 마음 꽃이 피어나네.
산언덕 소나무 숲에 탑이 우뚝 우뚝 솟아있고
천년의 와불臥佛은 용화세계를 기다리네.

千佛千塔雲住寺 (천불천탑운주사)
塔內佛笑發心華 (탑내불소발심화)
丘陵松林塔巍巍 (구릉송림탑외외)
千年臥佛待龍華 (천년와불대용화)

▷ 천불천탑 운주사 : 전남 화순에 있는 고찰古刹.

내 마음은　　　　　　　　　　吾心
　　　　　　　　　　　　　　　　(오심)

숲속에 새 우는 소리는

외로운 나그네의 심금心琴을 울리네.

봄날에 벚꽃(앵화櫻花)은 떠나가는데

내 마음은 지음知音을 향向해 있네.

林間啼鳥聲 (임간제조성)

孤客心琴響 (고객심금향)

春日櫻花去 (춘일앵화거)

吾心知音向 (오심지음향)

선승禪僧의 시심詩心   禪僧詩心滿
                          (선승시심만)

늦가을에 무한히 열린 하늘은 푸르고
선승禪僧은 시심詩心이 가득하네.
시골 마을에 밭과 논은 텅 비었고
인자仁者의 토담집 벽에는 시가 가득하네.

晩秋碧天空 (만추벽천공)
禪僧詩心滿 (선승시심만)
鄕村田畓虛 (향촌전답허)
仁者壁詩滿 (인자벽시만)

▷ 인자仁者 : 여기서는 정상일 시인을 지칭함.
▷ 정상일 시인에게 선승시심만禪僧詩心滿이라는 문자를 받고 지었음.
▷ 정상일 시인의 집 흙벽에는 한시가 아름답게 쓰여 있음.

하늘에 통하다　　　　　　通天
　　　　　　　　　　　　　　　(통천)

하늘에 통한 대도大道는 세상(세간世間)을 이익 되게 하고
구룡은 여의주를 머금고 삼보三寶를 보호하네.
윤암대사의 법문교화法門敎化는 천고千古에 빛나고
좋은 지혜의 법륜法輪은 만고萬古를 통하여 뻗치네.

通天大道利世間 (통천대도이세간)
九龍含珠護三寶 (구룡함주호삼보)
潤巖法化輝千古 (윤암법화휘천고)
善智法輪亘萬古 (선지법륜긍만고)

▷ 윤암潤巖선지善智스님은 현재 대구 구룡산 통천사 주지이며, 경주 용은사 회주이다. 동국대에서 남종선南宗禪 연구硏究로 박사博士학위를 취득하였으며, 동화사 승가대학 교수와 수덕사 승가대학 교수를 역임했으며, 팔공총림 동화사의 한문 불전대학원의 원장이다.
▷ 삼보三寶 : 불교에서 불佛, 법法, 승僧을 삼보三寶라고 함.

추자도 여행   楸子島旅行
(추자도여행)

추자도楸子島의 해안도로를 홀로 걸어가는데
멀고 가까운 섬에 바위들이 기이하게 생겼네.
점점 새벽하늘에 여명黎明이 밝아오는데
드문드문 가로등과 고기잡이배의 등불이 밝네.
절해고도絶海孤島 절벽에 늙은 소나무는 푸르고
수평선水平線 위로 아침 해(조일朝日)가 떠오르네.
드디어 동틀 때(서광曙光)의 빛을 맞이하니 그대로 황홀하고
봄꽃잎은 바람에 날려 흩어지고 고기는 뛰어 오르며 행복해하네.

▷ 추자도楸子島 : 섬 이름. 전라남도와 제주도 사이의 바다 가운데에 있다. 지금의 행정구역으로는 제주특별자치도 제주시 추자면에 해당함.
▷ 월문 정묵月門 正默 선사禪師와 남도 여행 중에 추자도에서 지음.

楸子島路獨步行 (추자도로독보행)
遠近海巖奇異生 (원근해암기이생)
漸漸曉天黎明來 (점점효천여명래)
疎疎街燈船燈明 (소소가등선등명)
孤島絶壁長松靑 (고도절벽장송청)
水平線上朝日生 (수평선상조일생)
遂迎曙光即恍惚 (수영서광즉황홀)
春花飛散魚躍幸 (춘화비산어약행)

파랑새 靑鳥
(청조)

빈 뜰 산수유에 파랑새가 내려앉으니
천리 먼 지방에서 지우知友가 찾아왔네.
봄날 따뜻한 바람이 산과 들에서 일어나니
기쁜 웃음과 청아한 이야기가 집에 가득하네.

空庭茱萸下靑鳥 (공정수유하청조)
千里遠方來知友 (천리원방래지우)
春日暖風起山野 (춘일난풍기산야)
喜笑淸談滿堂宇 (희소청담만당우)

▷ 공정空庭 : 빈 뜰.
▷ 지우知友 : 서로 마음을 아는 친한 벗.
▷ 희소喜笑 : 기쁜 웃음.
▷ 청담淸談 : 맑은 이야기.
▷ 수유茱萸 : 산수유.
▷ 당우堂宇 : 정당正堂과 옥우屋宇라는 뜻으로 큰 집과 작은 집을 아울러 일컫는 말.

백설白雪 위의 백로　　　　白雪上白鷺
　　　　　　　　　　　　　　　　　(백설상백로)

종일 내리는 눈으로 산과 들이 덮혔는데
홀연히 백로가 날아와 백설 위에 내리네.
모두 흰색으로 백로와 백설을 분별하기 어렵고
농촌 마을과 거리도 또한 같은 모양이네.

終日降雪蓋山野 (종일강설개산야)
忽飛白鷺下雪上 (홀비백로하설상)
皆是同色難分別 (개시동색난분별)
農村街道亦同相 (농촌가도역동상)

▷ 가도街道 : 한길이나 또는 큰 길거리.
▷ 산야山野 : 산과 들.

물방울

花芽水滴
(화아수적)

종일 내리는 이슬비로 산길은 젖었고
우연히 꽃눈에 맺힌 물방울을 보네.
물방울 속에 나무 그림자가 거꾸로 비치고
봄 정취에 흠뻑 취한 나그네는 이를 감상하네.

終日濛雨沾山徑 (종일몽우점산경)
偶見花芽水滴象 (우견화아수적상)
一滴投影樹顚倒 (일적투영수전도)
春情深醉客玩賞 (춘정심취객완상)

▷ 몽우濛雨 : 가랑비.
▷ 산경山徑 : 산길(오솔길).
▷ 투영投影 : 지면地面, 수면水面 등 물체物體의 그림자 비침.
▷ 전도轉倒 : 엎어져서 넘어짐. 위와 아래를 바꾸어서 거꾸로 함.
▷ 완상玩賞 : 좋아서 구경함.

화림산책
(꽃밭을 산책하다)

花林散策
(화림산책)

증평 공원(보광천변)에는 꽃들이 만발하고
하천河川의 물 위로 백로들이 천천히 걷네.
봄바람 불고 부드러운 비 내리니 꽃 수풀은 싱싱하고
지우知友와 꽃길을 산책하니 얼굴에 미소 가득하네.

曾坪公園花爛漫 (증평공원화난만)
水上白鷺徐步步 (수상백로서보보)
春風化雨生花林 (춘풍화우생화림)
知友散策滿面笑 (지우산책만면소)

▷ 지우知友 : 서로 마음을 아는 친한 벗.
▷ 화림花林 : 꽃나무로 이루어진 숲.
▷ 보보步步 : 걸음걸음, 한 걸음 한 걸음.
▷ 산책散策 : 가벼운 기분으로 바람을 쐬며 이리저리 거닐다.

손곡의 시, '대화탄노'를 보고 차운次韻하다

次蓀谷對花歎老韻
(차손곡대화탄노운)

천산千山의 깊은 곳으로 들어가 무슨 도道를 구하는가!
정기精氣를 갈고 닦아도 늙음은 막지 못하네.
산을 뽑고 세상을 덮는 웅혼雄渾한 두령頭領이여!
이제 늙음을 당하여 만 가지를 쉬니 좋고 좋구나.

千山深棲求何道 (천산심서구하도)
鍊磨精氣不防老 (연마정기불방노)
拔山蓋世雄渾頭 (발산개세웅혼두)
今當老軀萬休好 (금당노구만휴호)

▷ 대화탄노對花歎老 : 꽃을 보며 늙어 감을 한탄하다.

대하탄노 對花歎老
손곡 이달

봄바람도 또한 공평하지 못하네.
나무마다 꽃 피우면서 어찌 사람만 늙게 하느냐!
억지로 꽃가지 꺾어 흰 머리에 꽂아 보지만
흰 머리와 꽃은 서로 어울리지 않는구나.

東風亦是無公道 (동풍역시무공도)
萬樹花開人獨老 (만수화개인독노)
强折花枝揷白頭 (강절화지삽백두)
白頭不與花相好 (백두불여화상호)

수락산 용굴암을 회고하다

回顧水落山龍窟庵
(회고수락산용굴암)

수락산 정상 아래에 있는 용굴암은
내가 이십세 초에 왕래하고 지냈던 절이네.
해제解制기간에 이곳에 잠시 거주하면서
낮에는 땔감 나무하고 밤이 오면 참선하였네.

水落山中龍窟庵 (수락산중용굴암)
二十歲初自往來 (이십세초자왕래)
解制期間暫居住 (해제기간잠거주)
晝行搬柴禪夜來 (주행반시선야래)

▷ 1979년 11월 27일 도반인 혜선스님과 용굴암에 머물면서 100일 기도를 하고, 낮에는 땔감나무하고 밤에는 참선하고 지내었다. 19세, 20세 초에도 제방諸方에서 안거安居를 마치고 해제解制하면 이곳 용굴암으로 와서 지내기도 하였다.

대학 동기를 추억하며   追憶大學同期
(추억대학동기)

대학동기들과 서로 만날 때는
기쁨이 고조高調하고 얼굴에 미소 가득하네.
가끔 만나 차 마시고 이야기 나누다가 옛정이 깊어가니
헤어지기 아쉬워하는 사이에 석양은 저물어가네.

大學同期相逢時 (대학동기상봉시)
歡喜高調滿面笑 (환희고조만면소)
往往茶談舊情深 (왕왕다담구정심)
惜別之中夕陽暮 (석별지중석양모)

낙조落照　　　　　　　　　　　　落照
　　　　　　　　　　　　　　　　　　（낙조）

월출산 아래에 붉은 해가 지는데
푸른 바다에 석양이 비춰 금빛 파도가 높구나.
천릿길 먼 지방에서 고우故友를 만나고
우전차 마시는 향기로 얼굴에 미소가 가득하네.

月出山下紅日落 (월출산하홍일낙)
滄海日映金波高 (창해일영금파고)
千里遠方故友會 (천리원방고우회)
雨煎茶香滿面笑 (우전다향만면소)

▷ 낙조落照 : 저녁에 지는 햇빛, 석양夕陽.
▷ 달마산 미황사에 범혜 선사를 만나 차 마시다.
▷ 우전차雨煎茶 : 녹차의 종류 중 하나로, 24절기 중 하나인 곡우穀雨 전에 찻잎을 따서 만든 차를 말한다.

자장홍매

慈藏紅梅
(자장홍매)

자장홍매가 영각影閣 청마루 아래 만개하고
푸른 아지랑이 피어오르고 새 울음소리는 청아하네.
만인萬人의 가슴 속에는 봄소식이 부풀어 오르고
부처님 진신보탑眞身寶塔에는 광명이 빛나네.

慈藏紅梅影廳開 (자장홍매영청개)
昇化蒼靄淸鳥鳴 (승화창애청조명)
萬人胸中春信堟 (만인흉중춘신장)
眞身寶塔光明炯 (진신보탑광명형)

▷ 자장慈藏 : 자장(慈藏, 590년~658년)은 신라의 스님이었으며, 통도사를 창건한 고승高僧이었고, 신라의 대국통大國統이었다.
▷ 영청影廳 : 영각影閣의 마루.
▷ 영각影閣 : 영각은 조사祖師들의 영정影幀을 모신 곳.
▷ 창애蒼靄 : 푸른 아지랑이.
▷ 진신보탑眞身寶塔 : 부처님 진신사리眞身舍利를 모셔둔 보배탑.

기러기가 전해주는 편지   雁信
(안신)

천리 밖 남쪽에서 옛 벗(고우故友)이 찾아오니
뜰 앞에 하얀 작약꽃 흐드러지게 피었네.
비는 청산을 지나가고 기러기 편지 도착하니
하얀 꽃 흩날리고 글자 글자마다 향기가 가득하네.

千里故友自南來 (천리고우자남래)
庭前白芍花爛漫 (정전백작화난만)
雨過靑山到雁信 (우과청산도안신)
白花紛紛字香滿 (백화분분자향만)

▷ 안신雁信 : 기러기가 전해주는 편지라는 뜻.
▷ 난만爛漫 : 꽃이 활짝 피어 화려함.
▷ 분분紛紛 : 흩날리는 모양이 뒤섞여 어수선함. 떠들썩하고 뒤숭숭함. 의견 등이 갈피를 잡을 수 없이 많고 어수선함.

별이 빛나는 밤 　　　　　　　　星夜
　　　　　　　　　　　　　　　　　(성야)

별이 총총한 밤에 산길을 홀로 걸어가는데
쓸쓸하고 호젓함이 가슴에 스며들고 춘풍이 차갑네.
산새들은 조용하고 숲속은 고요한데
쌍갈래 골짜기(쌍계雙溪)의 물소리에 마음이 편안하네.

星夜山徑獨步行 (성야산경독보행)
蕭寂沁胸春風寒 (소적심흉춘풍한)
禽鳥無音林中靜 (금조무음임중정)
雙溪水聲心境安 (쌍계수성심경안)

▷ 성야星夜 : 별이 밝은 밤.
▷ 소적蕭寂 : 쓸쓸하고 호젓한(고요한) 모양.
▷ 심흉沁胸 : 沁 스며들 심, 胸 가슴 흉.
▷ 금조禽鳥 : 날짐승.

봄 산이 미소 짓네 春山如笑
(춘산여소)

봄 산이 미소 짓는 듯, 파랑새가 날아오르네.
벗님을 만나 차담茶談하니 웃음꽃이 피어나구나.
공문空門에서 서로 만난 그 세월이 아득하네.
깊은 산골에 부엉이 울음이 가슴에 전해 오구나.

春山如笑靑鳥飛 (춘산여소청조비)
逢友茶談笑花發 (봉우차담소화발)
空門相逢光陰渺 (공문상봉광음묘)
幽谷鴞鳴胸中達 (유곡효명흉중달)

▷ 공문空門 : 불교 공동체(불문佛門), 절(사찰)을 의미한다.

제 6 부

자연과 더불어 (2)

석양의 노을 　　　　　　　夕陽彩霞
　　　　　　　　　　　　　　　　　　（석양채하）

벚꽃이 바람 따라 흩어지고 봄날은 가는데
숲속에 새들의 울음소리는 심금心琴을 울리네.
인생은 세상과 더불어 끊임없이 지나가는데
석양夕陽의 아름다운 노을이 내 흉금胸襟을 물들이네.

櫻花風飛去春日 (앵화풍비거춘일)
林中啼鳥響心琴 (임중제조향심금)
人生與世過不斷 (인생여세과부단)
夕陽彩霞染胸襟 (석양채하염흉금)

어젯밤에 눈 내리다 　　　　　昨夜降雪
　　　　　　　　　　　　　　　　　　　(작야강설)

어젯밤에 내린 눈 산과 들을 덮고
석불도 늙은 소나무(고송古松)도 눈꽃이 되었네.
만공선사의 탑 앞 참선하는 나그네가 이르니
암벽과 소나무 숲 서로 하나로 어우러지네.

昨夜降雪蓋山野 (작야강설개산야)
石佛古松化雪花 (석불고송화설화)
滿空塔前到禪客 (만공탑전도선객)
巖壁松林相共和 (암벽송림상공화)

활짝 핀 벚꽃　　　　　　　　發櫻花
　　　　　　　　　　　　　　　(발앵화)

푸른 하늘 아래 강변의 벚꽃들이 만발하니
봄날 지나가는 나그네가 노래 한 곡 부르네.
장부丈夫의 뜻은 하늘 같이 높고 바다 같이 깊으니
빛을 부드럽게 하고 티끌세상과 함께 하며 일마다 소요逍遙하네.

靑天江邊滿發櫻 (청천강변만발앵)
春日過客一曲歌 (춘일과객일곡가)
如天如海丈夫志 (여천여해장부지)
和光同塵逍遙事 (화광동진소요사)

▷ 화광동진和光同塵 : 화광和光은 빛을 부드럽게 하는 의미이고, 동진同塵은 속세俗世의 티끌에 같이 한다는 뜻으로, 자기의 지혜를 자랑함 없이 오히려 그 지혜를 부드럽게 하여 속세俗世의 티끌에 동화同化함을 말함.

오늘의 감회感懷　　　　　今日感懷
　　　　　　　　　　　　　　　　(금일감회)

가을 하늘은 끝없이 푸르고
맑은 강은 도도히 흘러가네.
귀로歸路에 목로주점木壚酒店에 머물며
주모酒母와 술잔을 서로 주고받으며 노네.
주모酒母와 나그네는 건배乾杯를 이어가고
이야기소리, 웃음소리가 주막酒幕에 머무네.
술 한 잔(일배一杯) 마시고 시詩 한 수 읊으니
오늘도 작은 행복이 넉넉하네(여유餘裕).

秋天無盡靑 (추천무진청)
淸江滔滔流 (청강도도류)
歸路木壚停 (귀로목로정)
酬酌酒母遊 (수작주모유)
主客乾杯連 (주객건배연)
談笑幕中留 (담소막중유)
一杯一詩吟 (일배일시음)
今日小幸裕 (금일소행유)

겨울밤에　　　　　　冬夜細雪
　　　　　　　　　　　　　(동야세설)

가랑비처럼 눈 내리는 겨울밤
구름사이로 달과 별이 나타나네.
밤이 깊으면 새벽이 가깝고
도道가 깊으면 마음의 달(심월心月)이 나타나네.

冬夜細雪下 (동야세설하)
雲間月星現 (운간월성현)
夜深曉晨近 (야심효신근)
道深心月現 (도심심월현)

▷ 효신曉晨 : 먼동이 틀 무렵.

역병疫病이 빨리 사라지길 바라네

願速滅疫病
(원속멸역병)

잿빛 하늘, 짙은 안개에 세상은 캄캄하네.
산과 들은 가을 장맛비로 넉넉히 젖어가는구나.
빗속에 매미소리 끊어져 텅 비어 조용하네.
역병疫病이 빨리 소멸해 사라지길 간절히 염원하네.

灰天濃霧世昏衢 (회천농무세혼구)
山野秋霖裕霑去 (산야추림유점거)
雨中蟬吟絶空寂 (우중선음절공적)
切願疫病速滅去 (절원역병속멸거)

▷ 역병疫病 : 악성의 유행병流行病. 여기서는 '코로나바이러스감염증(COVID-19)'을 의미함.

석양夕陽　　　　　　　　　楓間夕陽
　　　　　　　　　　　　　　(풍간석양)

단풍 사이로 석양夕陽이 보이고
반가운 손님들과 하루가 즐거웠네.
만추晩秋의 풍광風光은 넉넉하고
다시 좋은 날에 만나기를 기약하였네.

楓裏見夕陽 (풍리견석양)
佳賓樂一日 (가빈낙일일)
晩秋餘風光 (만추여풍광)
期約再好日 (기약재호일)

곡차와 구름과 달을 드리네   獻穀茶雲月
                                                 (헌곡차운월)

존경하는 선비가 지은 시는 고고하고 아름답고
나도 또한 환희하여 시를 창작하네.
현묘하고 독특한 기풍을 항상 우러러 그리워하고
구름과 달을 드리며 곡차穀茶로 즐거워하네.

尊士作詩高高美 (존사작시고고미)
我亦歡喜詩創作 (아역환희시창작)
玄妙詩風常仰慕 (현묘시풍상앙모)
獻呈雲月穀茶樂 (헌정운월곡차락)

야반夜半에 　　　　　　　　　於夜半
　　　　　　　　　　　　　　　　(어야반)

청산의 벗은 백운이 어울리고
보배달의 짝은 바다가 어울리네.
산, 구름, 바다, 달에 몇 번이나 울고 웃었나.
참된 마음은 산보다 높고 또한 바다보다 깊다네.

靑山之友嬰白雲 (청산지우영백운)
寶月之伴䞍大海 (보월지반언대해)
山雲海月幾淚笑 (산운해월기누소)
眞心山高亦深海 (진심산고역심해)

▷ 영嬰 : 어울릴 영
▷ 언䞍 : 어울릴 언

동해로 가다가　　　　　　　　去東海
　　　　　　　　　　　　　　　　（거동해）

오늘 아침 가을비는 산과 들에 내리고
한 쌍의 백로가 강위로 나네.
나는 바람, 구름과 더불어 동해로 가니
두타산 선인仙人께 두강주 드리러 간다네.

今朝秋雨下山野 (금조추우하산야)
一雙白鷺飛江上 (일쌍백로비강상)
我與風雲去東海 (아여풍운거동해)
頭陀仙人獻杜康 (두타선인헌두강)

▷ 두강주杜康酒 : 옛 중국에 두강杜康이란 사람이 살았는데, 술 빚는 재주가 뛰어났다. 그가 빚는 방법대로 만든 술이라 하여 두강주라 한다. 삼국지연의에 조조가 중원의 명사를 불러 모은 연회 자리에서 술잔을 높이 들고 시를 읊는다. 조조가 읊은 詩, 횡삭부橫槊賦 중에 '무엇으로 근심을 풀까? 그건 오직 두강주뿐일세(何以解憂 唯有杜康)'라고 읊는 걸 보면, 두강주는 명주名酒로서 오랜 역사와 전통이 있는 술이다.

만추晩秋의 연회宴會 · 1   晩秋之宴會
(만추지연회) · 1

주중週中에 열심히 일하고 주말週末에 유희遊戲하니
만추晩秋에 산촌山村의 풍광風光이 그윽하네.
앞뜰에는 천막과 식탁을 설치하고
천막 밖에 화로에는 장작불이 빛나네.
좋은 사람들과 한자리에 함께하니 즐겁고
한 잔, 또 한 잔에 근심이 쉬어지네.
잠시 걸음을 옮겨 정원을 돌아보는데
밤하늘에 구름 사이로 반월半月이 미소 짓네.

週中精勤週末遊 (주중정근주말유)
晩秋山村風光幽 (만추산촌풍광유)
前庭天幕食卓設 (전정천막식탁설)
幕外火爐燒木輝 (막외화로소목휘)
善人會座此夜樂 (선인회좌차야낙)
一杯一盞憂思休 (일배일잔우사휴)
暫時移步庭園廻 (잠시이보정원회)
夜天雲間半月笑 (야천운간반월소)

만추晩秋의 연회宴會 · 2　　　　晩秋之宴會
　　　　　　　　　　　　　　　　　　(만추지연회) · 2

늦가을 산사山寺에 다섯 사람이 도착하여
토방土房 주변에 천막天幕을 설치했네.
화로火爐에 장작불은 서늘한 밤을 밝히고
선남선녀善男善女 두 부부夫婦 모습이 정답고 즐겁네.
천막 속에 주방廚房을 설치하고 맛난 음식을 만들고
모두가 함께 모여 술과 밥을 즐겁게 먹네.
밤하늘 구름 사이로 반달半月이 밝고
술 취해 담소談笑하며 풍악風樂소리 드높네.

晩秋山寺五人着 (만추산사오인착)
土房周邊設天幕 (토방주변설천막)
火爐燒木凉夜明 (화로소목양야명)
善男善女夫婦樂 (선남선녀부부락)
天幕設廚造美食 (천막설주조미식)
諸人會座飯酒作 (제인회좌반주작)
夜天雲間半月明 (야천운간반월명)
陶醉談笑高風樂 (도취담소고풍악)

서해 낙조落照·1　　　　　　　　西海落照
　　　　　　　　　　　　　　　　　　(서해낙조)·1

서해西海에 낙조落照는 찬란하고
해상海上에는 황금빛이 비치네.
붉은 해는 하늘 끝에서 모습을 숨기는데
나그네는 오래도록 관망觀望하네.

西海落照燦 (서해낙조찬)
海上金光映 (해상금광영)
紅日天涯隱 (홍일천애은)
一客觀望永 (일객관망영)

서해 낙조落照·2   西海夕陽
                                   (서해석양)·2

서해에 낙조落照는 찬란하고
바다는 금빛 물결로 빛나네.
회색빛 하늘에는 붉은 구름이 화려하고
나그네는 하늘 끝을 관망觀望하네.

西海落照燦 (서해낙조찬)
海上金波爛 (해상금파란)
灰天紅雲華 (회천홍운화)
一客天涯觀 (일객천애관)

금당도 · 1

金塘島
(금당도) · 1

밝은 해는 푸른 바다를 비추고
금빛 물결은 흰 갈매기와 어울리네.
고기잡이배는 모항母港으로 돌아오고
고운 아내는 어부漁夫를 맞이하네.

白日映滄海 (백일영창해)
金波與白鷗 (금파여백구)
漁船歸母港 (어선귀모항)
艶妻迎漁夫 (염처영어부)

▷ 금당도金塘島 : 전라남도 완도군 금당면 육산리에 있는 섬.

금당도 · 2

金塘島
(금당도) · 2

우연히 금당도 金塘島에 왔는데
하늘은 짙게 푸르고 푸른 바다는 잔잔하네.
고기잡이배에 흰 갈매기가 따라 날고
일 없는 두 나그네는 그저 바라보네.

偶來金塘島 (우래금당도)
碧空蒼海潺 (벽공창해잔)
漁船白鷗飛 (어선백구비)
無事二客觀 (무사이객관)

석양의 붉은 빛　　　　　　　　夕陽
　　　　　　　　　　　　　　　　　(석양)

입춘에 눈바람(설풍雪風)이 차갑네.
추운 겨울은 아직 물러나기 싫은 듯,
연회宴會를 마치니 귀한 손님은 가고
석양은 붉은 빛을 토吐하네.

立春雪風寒 (입춘설풍한)
嚴冬退去厭 (엄동퇴거염)
罷會嘉賓歸 (파회가빈귀)
夕陽吐紅焰 (석양토홍염)

옛 도반과 만나다　　　　逢遇故友
（봉우고우）

달마산 정상에 부처님의 지혜광명이 빛나고
천년고찰 미황사美黃寺에 둥근달의 문이 열렸네.
사십 년 세월 만에 옛 도반道伴을 만나니
봄꽃이 활짝 피어나고 파랑새가 찾아 왔네.

達磨山頂梵慧輝 (달마산정범혜휘)
千年美黃月門開 (천년미황월문개)
四十星霜會故友 (사십성상회고우)
春花滿發靑鳥來 (춘화만발청조래)

▷ 월문선사와 범혜선사의 법명法名을 넣어서 지은 시이다.
▷ 범혜梵慧 : 범혜선사를 의미함. 범梵은 부처님께서 탄생한 인도를 의미하고, 혜慧는 지혜. 범혜梵慧를 부처님 지혜광명으로 풀이함.
▷ 월문月門 : 월문月門선사를 의미함.
▷ 고우故友 : 오래도록 사귄 벗(친구). 희양산 봉암사 동안거(1984년) 용맹정진 도반을 옛 벗으로 표현함.

누각樓閣에서　　　　　　　　　　於樓閣
　　　　　　　　　　　　　　　　　　（어누각）

산과 강은 아침 안개로 덮이고
돌계단 아래 가을 잎이 떨어지고 있네.
넓은 들에는 황금 벼가 물결치고
누각 위에서는 구름 나그네가 노래 부르네.

山河朝霧蓋 (산하조무개)
階下秋葉落 (계하추엽락)
廣野黃禾波 (광야황화파)
樓上雲客樂 (누상운객악)

▷ 운객雲客 : 선인仙人이나 은자隱者를 아름답게 이르는 말.
　정처 없이 떠도는 구름 같은 나그네.
▷ 악樂 : 노래 악, 즐길 락, 좋아할 요.

강화도 보문사에서　　　　　於江華普門寺
　　　　　　　　　　　　　　　　　　(어강화보문사)

보타낙가산 아래에 천년의 절이여
관음대성이 항상 방광放光하네.
눈썹바위의 마애석불님은
서해의 일출과 어울려서 빛나네.

洛迦山下千年刹 (낙가산하천년찰)
觀音大聖常放光 (관음대성상방광)
眉岩磨崖石佛像 (미암마애석불상)
西海日出照應煌 (서해일출조응황)

▷ 조응照應 : 서로 일치하여 잘 어울림.

청련사 · 1   於靑蓮寺
(어청련사) · 1

고려산 아래 천고千古를 감추었으니
천축 조사가 처음 절을 세우고 산문山門을 열었네.
옛날과 지금에 변함없이 청련靑蓮이 피어나나니
아미타부처님의 위신력으로 시방세계가 안락하네.

高麗山下藏千古 (고려산하장천고)
天竺祖師始開山 (천축조사시개산)
古今不變發靑蓮 (고금불변발청련)
彌陀佛力世界安 (미타불력세계안)

▷ 천고千古 : 영구永久한 세월.

청련사 · 2

於高麗山靑蓮寺
(어고려산청련사) · 2

고려산 아래 청련사는
천축 조사가 처음 창설한 사찰이네.
아미타불 광명은 바로 눈앞에서 빛나고
칠백 살 은행나무는 고찰古刹의 위용이네.

高麗山下靑蓮寺 (고려산하청련사)
天竺祖師開創刹 (천축조사개창찰)
彌陀佛光輝現前 (미타불광휘현전)
槐齡七百偉古刹 (은령칠백위고찰)

청련사 · 3   靑蓮寺
                       (청련사) · 3

고구려의 옛 절이여!

천 년을 지나온 승탑이 우뚝 서있네.

가을바람에 은행잎은 물결치고

나그네 마음은 예스러운 풍취와 하나 되네.

高句麗古刹 (고구려고찰)

歷千年僧塔 (역천년승탑)

秋風檼葉波 (추풍은엽파)

客心古風合 (객심고풍합)

▷ 청련사靑蓮寺 : 강화도에 있는 고구려시대의 고찰이다. 목조아미타여래좌상이 보물 제 1787호이다.

조계의 시원지始源地　　　　曹溪始源地
　　　　　　　　　　　　　　　　(조계시원지)

조계의 최초 근원(진전사)지에 바람소리 사납고
밤의 한기 뼈에 사무쳐 성성하고 잠이 없네.
국사의 선탑禪塔은 천 년을 지내오고
종조宗祖의 법화法華는 참다운 밭(眞田)에 피었네.

曹溪始源猛風聲 (조계시원맹풍성)
夜寒徹骨惺不眠 (야한철골성불면)
國師禪塔歷千年 (국사선탑역천년)
宗祖法華發眞田 (종조법화발진전)

수타사에서 · 1 　　　　　　　　壽陀寺
　　　　　　　　　　　　　　　　(수타사) · 1

월문선사와 함께 만행萬行하다가
해질녘에 수타사에 도착하였네.
옥수암의 주승主僧과 바둑 대국大局을 시작하여
바둑 기전棋戰으로 밤을 새우는데 모습은 처음과 같네.

月門禪師同萬行 (월문선사동만행)
日暮到來壽陀寺 (일모도래수타사)
玉水庵主始對局 (옥수암주시대국)
徹夜棋戰始相似 (철야기전시상사)

수타사에서 · 2

壽陀寺
(수타사) · 2

공작산의 산 빛은 가을 단풍으로 화려하고
옛 도반道伴과 차담茶談은 끝없이 이어지네.
가을도 깊어가고 밤도 깊어가고 나그네 마음도 깊어 가는데
깊은 산의 부엉이 소리에 마음이 활짝 열리네.

孔雀山色秋色華 (공작산색추색화)
故友茶談無盡連 (고우다담무진연)
秋深夜深客心深 (추심야심객심심)
深山鶚鳴開心田 (심산효명개심전)

조사祖師의 뜰에서 　　　　　　　　　祖庭
　　　　　　　　　　　　　　　　　　　（조정）

해 저문 날 진전사에 오니

조사祖師의 뜰에 구름비 내리네.

연못에는 연꽃과 물고기가 노닐고

밤 깊어 가는데 나그네 잠 못 이루네.

日暮來陳田 (일모래진전)

祖庭下雲雨 (조정하운우)

池塘遊蓮魚 (지당유연어)

夜深客不睡 (야심객불수)

▷ 진전사陳田寺 : 강원도 양양군 강현면 둔전리에 있는 절. 대한불교조계종의 종조宗祖 도의국사道義國師가 개창開創한 절이며, 도의국사는 진전사에서 40년 동안 수도하다가 입적入寂하였다. 현재 진전사에는 도의국사의 선탑禪塔, 일명 부도탑浮屠塔이 그대로 보존되어 오고 있다.

▷ 도의국사는 염거대사에 남종선南宗禪의 법을 전하였으며, 염거대사는 체징대사에게 법을 전하였다. 체징體澄대사는 전남 장흥의 가지산에 가지산파迦智山派를 세워 크게 선풍禪風을 떨쳤다. 그런데 이때 체징體澄은 도의道義를 제1세, 염거를 제 2세, 체징體澄 자신을 제 3세라고 하여 도의국사를 가지산파의 개산조開山祖로 삼았다.

도의국사 선탑에서 　　　道義國師禪塔
　　　　　　　　　　　　　　　(도의국사선탑)

구름 속에 설악산 솟아나고
조사祖師의 뜰에 연꽃 피어나네.
도의국사의 선탑禪塔에 빗방울 떨어지고
앞산은 푸른 안개로 덮이네.

雲中雪嶽崧 (운중설악숭)
祖庭蓮花開 (조정연화개)
禪塔雨滴落 (선탑우적락)
前山綠煙蓋 (전산녹연개)

해질 녘 조사의 뜰에서　　　日暮祖庭
　　　　　　　　　　　　　　　　(일모조정)

해 저문 날에 조사祖師의 뜰을 홀로 천천히 걷는데
산 아래 계곡물 소리 사방에 가득하구나.
소쩍새, 귀뚜라미 우는 소리 끝이 없고
영산회상靈山會上과 조계曹溪의 법음法音이 항상 하네.

日暮祖庭獨徐步 (일모조정독서보)
山下溪聲滿四向 (산하계성만사향)
杜魄蟋蟀鳴無盡 (두백실솔명무진)
靈山曹溪法音長 (영산조계법음장)

▷ 장長 : 길다. 나아가다. 자라다. 맏이. 우두머리. 어른. 항상恒常.
▷ 조정祖庭 : 조사祖師의 뜰. 진전사의 도의국사 선탑을 말함.

시흥詩興　　　　　　　　　　　　　詩興
　　　　　　　　　　　　　　　　　　(시흥)

지난해의 가을날에 지은 시가 많았는데
금년의 가을에도 얻은 시가 많네.
산과 들이 울긋불긋하니 시심詩心이 가득하고
갈대꽃 가운데 나그네는 시흥詩興이 많네.

去年秋季詩作多 (거년추계시작다)
今年秋節得詩多 (금연추절득시다)
山野紅黃詩心滿 (산야홍황시심만)
蘆花中客詩興多 (노화중객시흥다)

▷ 시작詩作 : 시를 지음. 또는 그 작품作品.
▷ 시심詩心 : 시詩에 흥미興味를 가지는 마음.
▷ 시흥詩興 : 시詩를 짓고 싶은 마음. 시에 도취陶醉되어 일어나는 마음의 흥취興趣.

불탑佛塔의
물때(수구水垢)를 씻어내고

放光佛塔
(방광불탑)

노천露天에 돌부처님 몸, 물때(수구水垢)를 씻어내고
한 쌍의 5층 석탑에 이끼 낀 흔적을 씻어 없앴네.
청정한 도량道場의 부처님 몸에서 광명이 빛나고
밤하늘의 별빛도 기뻐하며 더욱 빛나네.

露天石佛滌水垢 (노천석불척수구)
雙立石塔除苔痕 (쌍립석탑제태흔)
淸淨道場輝神光 (청정도량휘신광)
夜天星光煌欣欣 (야천성광황흔흔)

제 7 부

자연과 더불어 (3)

특별한 맛의 어탕 국수 　　　　　特味魚麵
　　　　　　　　　　　　　　　　　　　(특미어면)

동네 맑은 개울에서 통발기구를 이용해(김이동 시인이)
수십 마리 잡어를 얻어 집으로 돌아왔네.(정상일 시인 집으로)
물고기와 소면을 넣은 어탕국수를 먹고 마셨는데
그 맛에 감탄하고 어탕요리 대가로 추천하였네.

洞里淸川用筌具 (동리청천용전구)
數十雜魚得歸家 (수십잡어득귀가)
魚與麵湯卽食飮 (어여면탕즉식음)
其味感歎薦大家 (기미감탄천대가)

두 신선神仙의 시에 화답하다

和答二仙詩
(화답이선시)

여름날 종일 매미소리는 높고
서쪽 하늘엔 붉고 고운 구름이 빛나네.
돌계단 틈새에 누드베키아꽃이 만발하고
해질 녘 두 신선의 절구絕句가 도착했네.

夏日蟬鳴高 (하일선명고)
西天彩雲爍 (서천채운삭)
石間黃花發 (석간황화발)
二仙絕句着 (이선절구착)

▷ 황화黃花 : 누드베키아(천인국天人菊)를 황화로 표현함.
▷ 이선二仙 : 김이동 시인과 정상일 시인을 말함.

능운凌雲의 두 친구가 술을 마시다

김이동

凌雲對酌
(능운대작)

화양동천에 매미소리는 물소리와 짝을 이루고
능운의 두 나그네는 술주정과 짝을 이루네.
선풍仙風, 선경仙境의 달천강 아래를 달리는데
해가 저물어 가니 자전거 타는 늙은이는 주막집 보이기만을 바라네.

華陽蟬鳴伴水聲 (화양선명반수성)
凌雲二客侶酒酊 (능운이객여주정)
仙遊仙風達川下 (선유선풍달천하)
斜陽輪老唯欲亭 (사양윤노유욕정)

▷ 정亭 : 정자, 또는 주막집.
▷ 능운凌雲 : 구름을 헤칠 만큼 용기勇氣가 성盛함을 이름.

능운대淩雲台
정상일

凌雲台
(능운대)

비 개인 하늘에 구름은 겹겹이 구름이고
흘러가는 구름은 옛날엔 고운 구름이라네.
좋지 않은 술을 대작하는데 매미소리 높고
화양동천에 구름은 무엇 때문에 달리는가.

霽天雲重雲 (제천운중운)
流雲舊彩雲 (유운구채운)
薄酒蟬鳴高 (박주선명고)
誰淩華陽雲 (수능화양운)

▷ 박주薄酒 : 아무렇게나 빚어서 맛이 좋지 않은 술. 자기自己가 남에게 대접待接하는 술을 겸손하게 이르는 말.

소년으로 돌아가다

歸少
(귀소)

영축산의 죽마고우竹馬故友 한 자리에 모여서
지난 시절 회상回想하며 서로 얼굴을 마주 보고 웃네.
한 잔, 또 한 잔 속에 하늘 그림자가 내려오고
도우道友들 다정한 이야기 모두 소년으로 돌아가네.

靈鷲故友一座會 (영축고우일좌회)
回憶去日對面笑 (회억거일대면소)
一杯一盞天影下 (일배일잔천영하)
道友情談諸歸少 (도우정담제귀소)

화진포에서 　　　　　　　　化津浦
　　　　　　　　　　　　　　　　(화진포)

망망대해에 돛단배 운행하고
다함없는 푸른 파도소리 장쾌하네.
금빛 모래사장에 흰 갈매기 날아가고
푸른 물결의 곡조가 끝없이 들리네.

茫茫海中帆船行 (망망해중범선행)
無盡碧波壯快聲 (무진벽파장쾌성)
金砂場上白鷗飛 (금사장상백구비)
滄浪曲調無限聽 (창랑곡조무한청)

천고千古를 감추다

藏千古
(장천고)

팔공산 위 반달이 휘영청 밝은 날
옛 도반道伴 상봉하여 지난 시절을 회고하네.
바람소리, 귀뚜라미 소리 빈 골짜기에 울려 퍼지고
석벽石壁 아래 난야蘭若는 천고千古를 감추고 있네.

八公山上半月皎 (팔공산상반월교)
相逢故友往年顧 (상봉고우왕년고)
風聲蟋鳴空谷響 (풍성실명공곡향)
石壁蘭若藏千古 (석벽난야장천고)

▷ 교교皎皎 : 휘영청 밝음.
▷ 난야蘭若 : 숲속이나 조용한 절을 난야라 함.

깊은 밤의 노래 　　　　深夜曲調
　　　　　　　　　　　　　　　　（심야곡조）

개구리 우는 소리는 바람타고 금봉산에 날아오고
소쩍새 우는 소리는 깊은 골짜기에 내리네.
한밤중(夜半)에 은하수는 아득히 멀리서 반짝이고
새벽에 매화 향은 산골짜기에 흩어지네.

蛙鳴乘風飛金峯 (와명승풍비금봉)
子規鳴聲下幽谷 (자규명성하유곡)
夜半銀河渺遠明 (야반은하묘원명)
曉晨梅香散山谷 (효신매향산산곡)

낙서落書
월문선사月門禪師

落書(낙서)
漢詩 飜譯(한시 번역)

선혈처럼 붉던 단풍 어느새 사라지고
살아남은 몇 잎만이 아쉬움에 떨고 있네.
지나간 세월은 희미한 기억에 불과하고
다가올 미래도 언젠간 과거가 되겠지.
바람 불고 비 오는 날 처마 밑을 거닐다 보니
한 걸음 한 걸음이 꿈인 듯 생시인 듯.

鮮血紅葉於焉消 (선혈홍엽어언소)
生餘幾葉歎戰慄 (생여기엽탄전율)

往年不過稀微憶 (왕년불과희미억)
將臨未來爲過去 (장임미래위과거)

風飛雨日檐下步 (풍비우일첨하보)
步步如夢若生時 (보보여몽약생시)

▷ 낙서落書 : 이 시는 월문스님이 지은 글인데, 저자著者가 한시漢詩로 옮김.

정동진 유람 正東津遊覽
(정동진유람)

유람선 모양의 호텔 높은 방에서
침상寢牀에 옆으로 누워 푸른 하늘을 우러러보네.
동해의 절경絶景 눈 아래 바라다보이고
정월보름달 둥근 빛은 푸른 하늘에서 희미하네.
끊임없는 파도소리에 내 마음 황홀하고
정동진正東津에 바람은 창문을 두드리네.
금일 유람遊覽에 환희歡喜가 충만하고
내일 아침에 해돋이는 그 가운데 으뜸 되리라.

▷ 유람선 모양의 호텔 높은 방 : 썬크루즈호텔을 말함.
▷ 정월보름달 둥근 빛은 하늘에서 희미하네 : 오후에 푸른 하늘에 희미하게 보이는 보름달을 표현한 말.
▷ 정동진正東津 : 강릉시 강동면 정동진리에 있는 바닷가.
▷ 조眺 : 바라볼 조. 조망眺望하다.
▷ 망월望月 : 보름달.

遊覽船形高層房 (유람선형고층방)
寢牀側臥靑天仰 (침상측와청천앙)
東海絕景眼下眺 (동해절경안하조)
望月圓光碧虛映 (망월원광벽허앙)
不絕濤聲吾心恍 (부절도성오심황)
正東津風敲門窓 (정동진풍고문창)
今日遊覽歡喜充 (금일유람환희충)
明朝日出其中王 (명조일출기중왕)

▷ 원광圓光 : 달이나 해의 빛. 둥글게 빛나는 빛.
▷ 벽허碧虛 : 푸른 하늘.
▷ 앙映 : 희미할 앙, 비칠 영.
▷ 황恍 : 황홀할 황.
▷ 고敲 : 두드릴 고.

정동진 풍광

於正東津
(어정동진)

맑게 갠 새파란 하늘에 찬바람이 맹위를 떨치고
정동진正東津 바다 푸른 파도는 높이 치네.
동행한 선덕禪德과 절경을 관광하며
수려한 풍광에 감탄하고 좋아했네.

晴天寒風猛威振 (청천한풍맹위진)
正東津海碧波高 (정동진해벽파고)
同行禪德絶景觀 (동행선덕절경관)
秀麗風光感歎好 (수려풍광감탄호)

▷ 정동진正東津 : 강릉시 강동면 정동진리에 있는 바닷가.
▷ 맹위猛威 : 사나운 기세, 맹렬한 위세.
▷ 선덕禪德 : 조계종에서는 50 안거安居 이상 수행한 스님을 높여 부르는 말, 선리禪
  理에 깊이 통通하여 덕망이 높은 스님을 부르는 말.

회고回顧　　　　　　　　　　　　回顧
　　　　　　　　　　　　　　　　　(회고)

생과 사의 변환變換은 한 호흡 사이에 있는데
부생浮生은 욕망을 추종하며 백년의 꿈을 꾸네.
지나간 일을 회고回顧하니 부끄러운 것만 많고
남은 생은 오로지 정진하며 정혜定慧로 으뜸 삼으리.

生死變換一息間 (생사변환일식간)
浮生追慾百年夢 (부생추욕백년몽)
回顧往事慙愧多 (회고왕사참괴다)
餘生專精定慧宗 (여생전정정혜종)

객실客室 창가에서   客窓
                                                (객창)

초막草幕의 객실客室 창문을 활짝 열고
망연茫然히 푸른 하늘을 바라보네.
벗과 이별한 지도 얼마나 되었는가!
무릉도원武陵桃源에서 재회할 그 날만을 생각하네.

草幕客窓開 (초막객창개)
茫然碧虛眺 (망연벽허조)
別友幾何乎 (별우기하호)
再會桃源慕 (재회도원모)

▷ 망연茫然 : 아무 생각 없이.
▷ 무릉도원武陵桃源 : 이 세상에서 특별히 좋은 낙원樂園을 무릉도원이라고 함. 또는 이 세상을 떠난 특별한 세상, 별천지別天地를 무릉도원이라고 함.

섬진강에서　　　　　　　　蟾津江
　　　　　　　　　　　　　　　(섬진강)

섬진강 흐르는 물은 해가 비치어 반짝거리고
강변에 벚꽃나무 잎은 바람에 날려 떨어지네.
하동河東의 주막에서 술 한 잔 마시며
동행同行한 고우故友와 가을날을 즐기네.

蟾津江水日照映 (섬진강수일조영)
路邊櫻葉風飛落 (로변앵엽풍비락)
河東酒幕一杯飮 (하동주막일배음)
同行故友秋日樂 (동행고우추일락)

달천강에서 　　　　　　於達川江
　　　　　　　　　　　　　　（어달천강）

푸른 하늘에 백운白雲은 시시각각時時刻刻 변해가고

달천강達川江에 놀던 백로白鷺는 급히 날아가네.

지나가는 나그네가 발길을 멈추고

가을 풍광風光을 바라보며

홀연히 옛 시절의 강태공姜太公 돌이켜 생각해 보네.

위수의 반계磻溪에서 낚시를 드리우고

80년을 어렵게 지내다가

천시天時로 주나라 문왕을 서로 만나

태공망太公望이 되었네.

주周나라 개국공신이 되고,

다시 80년을 세상에 뜻을 이루며 살았으니

제齊나라의 시조始祖가 되고

지금도 그 명망名望이 전해오네.

▷ 태공망太公望 : 중국中國 주周나라 초엽初葉의 조신朝臣. 성姓은 강姜, 이름은 상尙. 속칭은 강태공姜太公. 문왕文王이 위수渭水가에서 처음 만나 군사軍師로 삼았으며, 뒤에 무왕武王을 도와 은殷을 쳐 없애고 천하天下를 평정平定하여 그 공으로 제齊

靑天白雲時千變 (청천백운시천변)
達川白鷺急飛上 (달천백로급비상)
過客停步眺風光 (과객정보조풍광)
忽然懷古姜呂尙 (홀연회고강여상)
磻溪垂釣窮八十 (반계수조궁팔십)
天時文王太公望 (천시문왕태공망)
周國功臣達八十 (주국공신달팔십)
齊國始祖傳名望 (제국시조전명망)

나라에 봉封함을 받아 그 시조始祖가 되었음.
춘추시대春秋時代의 대국大國인 제齊나라의 기초基礎 확립確立에 힘썼음. 병서兵書 ≪육도六道≫를 지었다고 전傳함. 여상呂尙으로 부르기도 함.
강여상姜呂尙. 강상, 태공망, 백가종사 등의 이름과 별칭으로도 불리는 강태공은 기다림의 대명사라고 할 수 있다. 그가 '반계수조磻溪垂釣' 즉 위수 강변 '반계'라고 하는 곳에서 곧은 낚시를 드리운 채 자신을 알아줄 사람이 나타나기를 기다린 일화는 유명한데, 그 때 그의 나이는 이미 70을 넘었다고 한다.

숲속의 노래 　　　　　　　林中之歌
　　　　　　　　　　　　　　　　　(임중지가)

이른 아침 선방禪房 창문을 여니
짙푸른 숲이 눈에 가득 들어오네.
새들의 노래와 매미들 울음이 화음을 이루고
숲속의 이른 아침은 활기차네.
폭염으로 연일 숨이 막히는데
숲속에서 시원한 바람이 불어오네.
잠시 무더위를 잊어버리고
연꽃이 아침 해를 맞이하며 피어나네.

早朝禪窓開 (조조선창개)
綠林滿眼來 (녹림만안래)
鳥歌蟬吟和 (조가선음화)
林中活氣兮 (임중활기혜)
暴炎連日狂 (폭염연일광)
淸風來往兮 (청풍내왕혜)
暫時炎天忘 (잠시염천망)
蓮發迎日兮 (연발영일혜)

제8부

시절인연時節因緣 (1)

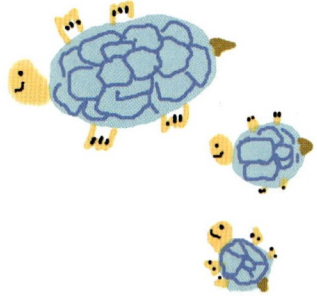

면벽관심　　　　　　　　　　　　面壁觀心
　　　　　　　　　　　　　　　　　　　(면벽관심)

해가 떠오르니 한지韓紙 창문이 밝아오고
창밖에는 산새들이 노래 부르네.
홀연히 눈 속에 있는 사람을 회고回顧해 보니
자성自性을 깨달은 면벽관심面壁觀心이 빛나네.

日出紙窓明 (일출지창명)
窓外山鳥鳴 (창외산조명)
忽回雪中人 (홀회설중인)
透脫壁觀炯 (투탈벽관형)

▷ 면벽관심面壁觀心 : 벽을 마주하고 앉아 마음을 보다.
▷ 雪中人(설중인) : 중국 선종禪宗의 2조 혜가대사를 생각함. 혜가대사가 소림사에 달마대사를 찾아가, 눈 속에서 도道를 구求하였다. 달마대사에게 심법心法을 받아서 2조二祖가 됨.
▷ 透脫(투탈) : 깨닫는 일(깨달음).
▷ 壁觀炯(벽관형) : 면벽面壁관심觀心이 빛나다. 혜가대사가 눈 속에서 깨달으니 면벽面壁하던 달마대사의 '관심觀心도 빛나고, 혜가대사의 관심觀心도 빛나다'는 중의적 표현을 담아서 지은 시이다.

삼소三笑　　　　　　　　　　　　三笑
　　　　　　　　　　　　　　　　　(삼소)

영축산 봉우리 우뚝 솟아 높고 높아
푸른 소나무 숲, 푸른 대나무 숲은 천고千古 감췄네.
한 시대 풍미風靡한 대종사시여!
호쾌豪快한 법문 삼소三笑를 이루네.

靈鷲山峯崧高高 (영축산봉숭고고)
松林竹林藏千古 (송림죽림장천고)
一世風靡大宗師 (일세풍미대종사)
豪快法門成三笑 (호쾌법문성삼소)

▷ 경봉대종사鏡峰大宗師 : 근현대 통도사 극락암에 조실로 계시면서 수행납자修行衲子와 사부대중을 위하여 무진無盡법문을 하셨으며, 근현대 한국 선불교禪佛敎를 크게 중흥中興시킨 스님이다.

진신사리 자비광명 　　　　　眞身慈光
　　　　　　　　　　　　　　　　　　(진신자광)

날씨 화창한 봄날 나지막한 산에 올라
영축산 부처님 도량을 두루 내려다보았네.
통도사는 천 년을 지나왔는데도 더욱 장엄하니
진신사리眞身舍利 자비광명이 가람伽藍에 충만하네.

和暢春日登丘陵 (화창춘일등구릉)
靈鷲佛刹周一覽 (영축불찰주일람)
歷千年而尤莊嚴 (역천년이우장엄)
眞身慈光充伽藍 (진신자광충가람)

진전사에 도착해서   到陳田寺
                                                    (도진전사)

해가 저물 때 진전사陳田寺에 도착하니
산 그림자(산영山影)가 운수객雲水客을 맞이하네.
오래된 벗(고우故友)과 한자리에 함께 하니
찻잔 속에 산 빛(山色)이 그윽하네.

日暮到陳田 (일모도진전)
山影接雲客 (산영접운객)
故友共一座 (고우공일좌)
茶盞幽山色 (다잔유산색)

황시백 시비詩碑 앞에서   詩碑
                                         (황시백 시비)

주인主公은 하늘로 돌아간(귀천歸天) 적막한 집에
추운 겨울 차가운 눈 아직도 쌓여 있네.
해질녘, 시비詩碑에 산 그림자 내리는데
애쓴 사랑의 글 심금心琴을 울리네.

主公歸天家寂寞 (주공귀천가적막)
嚴冬寒雪積只今 (엄동한설적지금)
日暮詩碑垂山影 (일모시비수산영)
苦心愛文響心琴 (고심애문향심금)

▷ 황시백 시인의 시집 '애쓴 사랑'을 생각하며 시인의 시를 모두 '애쓴 사랑의 글' 이라고 생각하고 '애쓴 사랑의 글'로 표현함.
▷ 황시백 시비詩碑 : 강원도 양양 진전사 아래, 산촌에 있음.
▷ 황시백 시인은 '애쓴 사랑'이란 시집을 남기고 귀천歸天함.

청련사(강화도)   靑蓮寺
(청련사)

천고千古를 지나온 절, 아미타 부처님이 상주하는 고찰古刹
서해西海의 강화도江華島에 청련사가 있네.
붓다와 조사祖師의 심인心印이 지금도 그대로 현존現存하며
정현 대사大師가 항상 신령스런 광명을 방광放光하고 있네.

歷千古而彌陀刹 (역천고이미타찰)
西海江華靑蓮寺 (서해강화청련사)
佛祖心印今猶在 (불조심인금유재)
常放神光正現師 (상방신광정현사)

대자암 무문관에 오르다

登大慈庵無門關
(등대자암무문관)

험준한 산길을 돌고 돌아 오르니
천 길 바위 아래 암자庵子가 있네.
도우道友를 상봉相逢하여 차 한 잔 마시고
다시 봄날에 만나기를 기약하고 집으로 돌아왔네.

險峻山徑登回回 (험준산경등회회)
千仞巖下有庵子 (천인암하유암자)
道友相逢茶一杯 (도우상봉다일배)
復期春日歸吾家 (부기춘일귀오가)

▷ 대자암 : 계룡산 갑사 산내에 있는 암자로 무문관 선원을 운영하는 절. 영한스님에게 대중공양 갔다가 지은 시이다.

푸른 바다를 바라보며   一望滄海 (일망창해)

푸른 바다에 거센 파도(격랑激浪)를 바라보는데
수 십 마리 흰 갈매기가 해변으로 내려앉네.
방파제 길 따라 연인戀人들은 걸어가고
포구浦口의 풍광風光은 한 폭의 그림일세.

一望滄海激浪高 (일망창해격랑고)
數十白鷗海邊下 (수십백구해변하)
防波堤路戀人步 (방파제로연인보)
浦口風光一幅畫 (포구풍광일폭화)

푸른 하늘의 철새   靑天漂鳥 (청천표조)

푸른 하늘의 날아가는 철새는 한 폭의 그림 같고
달천강에 청둥오리들은 헤엄치고 노네.
벚꽃과 산수유 꽃 피어나기 시작하는데
봄놀이 하다가 한 잔 마시며 노래 한 곡 부르네.

靑天漂鳥一幅畫 (청천표조일폭화)
達川江中野鶩泳 (달천강중야목영)
櫻花茱萸開花始 (앵화수유개화시)
賞春一杯一曲詠 (상춘일배일곡영)

▷ 표조漂鳥 : 철새.
▷ 야목野鶩 : 청둥오리.
▷ 앵화櫻花 : 벚꽃.
▷ 수유茱萸 : 산수유.
▷ 일배一杯 : 한 잔.
▷ 일곡一曲 : 노래 한 곡.

극락암 선불장 　　　　極樂庵 選佛場
　　　　　　　　　　　　　　　(극악암 선불장)

영축산은 깊으며 소나무 숲(松林) 푸르고
극락영지極樂影池 석교石橋는 무지개 모양이네.
조사전祖師殿 뒤뜰에는 푸른 대나무 빽빽하고
부처를 뽑는 선방 안에는 공부 열기 붉게 달아오르네.

靈鷲山深松林靑 (영축산심송림청)
極樂影池石橋虹 (극락영지석교홍)
祖殿後庭翠竹密 (조전후정취죽밀)
選佛場內熱工紅 (선불장내열공홍)

▷ 극락영지極樂影池 : 통도사 산내암자인 극락암에 있는 연못이다. 통도팔경 중의 하나. 연못에 영축산이 비친다고 해서 '극락영지'라고 하며, 석교가 무지개 모양이어서 '홍교虹橋'라고도 부른다.
▷ 조사전祖師殿 : 극락암의 조사전에는 삽삼-조사卅三祖師 스님의 영정을 모시고 있으며, 현재 참선공부 하는 스님들의 선원이다.
▷ 삽삼-조사 : 선종에서, 석가모니불의 정통 법맥을 이은 33인의 조사 스님을 지칭하는 말이다.
▷ 선불장選佛場 : '부처를 선출하는 곳'이라는 의미이다.

연꽃 그림
(청련화靑蓮畫)을 받고

受靑蓮畫
(수청련화)

염화실拈華室에 있는 푸른 연꽃 그림
바람을 타고 날아와 내 집에 도착했네.
연꽃은 진흙 속에서도 항상 청정하게 피어나니
무수한 세계가 한 송이 꽃이요,
일체가 깨달음(원각圓覺)이네.

拈華室中靑蓮畫 (염화실중청련화)
乘風飛來吾家着 (승풍비래오가착)
蓮花泥中常淸開 (연화니중상청개)
塵刹一花一切覺 (진찰일화일체각)

▷ 拈華室(염화실) : 염화실은 사찰寺刹의 조실祖室, 강주講主, 주지住持 등이 거주하는 집을 뜻한다.
▷ 拈華微笑(염화미소) : 붓다가 꽃을 드니 가섭이 미소를 짓다. '꽃을 집어 드니 미소를 짓네.'란 뜻으로, 말로 하지 않고 마음에서 마음으로 전傳하는 일을 이르는 말. 불교佛敎에서 이심전심以心傳心의 뜻으로 쓰이는 말이다.

남도南道를 여행하며 　　　　　南道萬行中
　　　　　　　　　　　　　　　　　　　(남도만행중)

남도南道지방을 만행萬行하다가 저물어가는 해를 만나서
영암 독천에 도착하여 바다 생선회 한점 먹었네.
옛 벗들과 한자리에 앉아 술 석 잔 마시고
돌아가는 길에 우연히 즐거운 마음 가득해 시를 읊네.
땅 끝 마을 달마산 소요암逍遙庵에 도착하여
깊어가는 가을, 도반들과 함께 즐거워 차를 나누네.
멀리 바다와 산, 하늘에 미소 짓는 달을 바라보는데
선사禪師의 도심道心은 겁외劫外와 통하네.

南道萬行遇日暮 (남도만행우일모)
犢川一點食魚膾 (독천일점식어회)
故友一座酒三杯 (고우일좌주삼배)
歸來偶吟興心懷 (귀래우음흥심회)
達摩山中到逍遙 (달마산중도소요)
秋夜同樂分茶會 (추야동락분다회)
遠望海岳笑天月 (원망해악소천월)
禪師道心通劫外 (선사도심통겁외)

월문 정묵선사
(月門 正黙禪師)

月門 正黙禪師
(월문 정묵선사)

월문 선사의 대도大道여!
빛나고 빛나 분명하도다.
조사祖師의 관문關門을 확철廓徹히 통하니
사바세계의 생불生佛이로다.
끝없는 법계法界에
가고 옴에 걸림이 없구나.
중생의 인연을 수순隨順하여
항상 지혜의 태양을 비추네.

月門大道 (월문대도)
赫赫分明 (혁혁분명)
通徹祖關 (통철조관)
娑婆生佛 (사바생불)
無盡法界 (무진법계)
往來無碍 (왕래무애)
隨順衆生 (수순중생)
常照慧日 (상조혜일)

구일 정현선사　　　　　求一 正現禪師
　　　　　　　　　　　　　　　（구일 정현선사）

정현선사의 대도大道여!
빛나고 빛나 분명하도다.
가는 곳마다 주체가 되고
지금 서 있는 곳이 모두 진리로다.
오고 감에 걸림이 없으니
중생의 뜻을 따를 뿐이네.
대비심大悲心과 대원력大願力이여!
신령스런 광명이 항상 비추네.

正現大道 (정현대도)
赫赫分明 (혁혁분명)
隨處作主 (수처작주)
立處皆眞 (입처개진)
往來無碍 (왕래무애)
隨順衆生 (수순중생)
大悲大願 (대비대원)
神光常照 (신광상조)

아침의 붉은 해　　　　　　　　早朝紅日
　　　　　　　　　　　　　　　　　　(조조홍일)

밤사이 상서祥瑞로운 눈이 내려 산과 들을 덮고
새벽하늘에 하현달은 나무 사이에 걸렸네.
이른 아침 붉은 해가 입춘을 맞이하고
석등에 촛불 빛은 간절한 소원을 머금었네.

夜間瑞雪蓋山野 (야간서설개산야)
曉天下弦掛林間 (효천하현괘임간)
早朝紅日迎立春 (조조홍일영입춘)
石燈燭光含願懇 (석등촉광함원간)

▷ 영춘迎春 : 봄을 맞이함. 영춘.
▷ 서설瑞雪 : 상서祥瑞로운 눈.
▷ 하현下弦 : 음력 매달 스무 이틀, 사흘 무렵에 뜨는 달.
▷ 촉광燭光 : 촛불의 빛.

미묘화 불자	微妙華 佛子
(신축년 삼동결제일)	(미묘화 불자)
	辛丑三冬結制日
	(신축삼동결제일)

극락영지極樂影池에는 달빛이 비치고
무지개다리(홍교虹橋) 아래 연못에는 수련이 빛나네.
삼동결제三冬結制에 신령神靈스러운 광명이 드러나서
내년 봄날에는 마음달이 출현出現하길 간절히 바라네.

極樂影池映月光 (극락영지영월광)
虹橋下塘燦睡蓮 (홍교하당찬수련)
三冬結制出靈光 (삼동결제출영광)
切願來春心月現 (절원내춘심월현)

▷ 극락영지極樂影池 : 경봉스님이 통도사 극락암에 연못을 만들고 '그림자 비치는 연못'이라는 뜻으로 '극락영지'라고 명명命名함. 연못 위에는 무지개 돌다리(홍교虹橋)를 설치해서 운치가 빼어남.

백두산 천지에서 · 1　　　　於白頭山天池
　　　　　　　　　　　　　　　(어백두산천지) · 1

백두산 천지에 올라서서 천지天池를 바라보니
무엇에도 비교할 수 없는 장엄함을 비로소 알았네.
남북분단南北分斷의 서러움을 가슴에 품고
백의민족이 힘차고 씩씩하게 뻗어 나가길 기원하네.

白頭山上觀天池 (백두산상관천지)
無比莊嚴今始知 (무비장엄금시지)
南北分斷胸襟懷 (남북분단흉금회)
白衣民族願雄飛 (백의민족원웅비)

백두산 천지에서 · 2　　　於白頭山天池
　　　　　　　　　　　　　　　(어백두산천지) · 2

고대에 선조先祖들이 광활한 나라를 세우고

널리 인간을 이롭게 하고 진리의 세계를 이루었네.

큰 칼 옆에 차고 말 타고 신기한 활쏘기 궁술弓術로

광활한 대륙을 평정했던 선조들의 씩씩한 기상이 떠오르네.

古代先祖廣開國 (고대선조광개국)

弘益人間理化世 (홍익인간이화세)

佩劍騎馬神弓術 (패검기마신궁술)

大陸平定湧氣勢 (대륙평정용기세)

백두산 천지에서 · 3 　　於白頭山天池
　　　　　　　　　　　　　　　(어백두산천지) · 3

백두산 정상에서 천지天池를 바라보며
남북평화통일南北平和統一을 간절히 기원했네.
한민족이 크게 하나 되어 이 세상에 웅비雄飛하면
온 세상(사해四海)을 비추는 동방의 등불이 되리라.

白頭頂上望天池 (백두정상망천지)
南北統一切願兮 (남북통일절원혜)
大同韓族天雄飛 (대동한족천웅비)
東方燈明照四海 (동방등명조사해)

백두산 천지에서 · 4   於白頭山天池
(어백두산천지) · 4

푸른 하늘 아래 백두산에 오르니 마음이 황홀하기 짝이 없고
빼어나게 아름다운(수려秀麗) 천지를 보니 감개가 무량합니다.
단군왕검檀君王儉께 지극한 마음으로 정례頂禮하오며
한민족의 통합과 국운國運이 융창隆昌하길 기원합니다.

靑天白頭心恍惚 (청천백두심황홀)
秀麗天池感無量 (수려천지감무량)
檀君王儉獻頂禮 (단군왕검헌정례)
民族統合國隆昌 (민족통합국융창)

▷ 단군왕검檀君王儉 : 우리 겨레의 시조始祖로 받드는 태초太初의 임금.
▷ 정례頂禮 : 이마를 땅에 대고 가장 공경하는 뜻으로 하는 절.

미묘화 불자의 마음달   微妙華佛子心月
(미묘화불자심월)

영축산은 깊으며 소나무 숲(松林)은 푸르고

영축산이 비치는 극락암 영지의 석교石橋는 무지개 모양이네.

조사전祖師殿 뒤뜰에는 푸른 대나무가 빽빽하고

미묘화 불자의 마음은 둥근달로 가득차구나.

靈鷲山深松林靑 (영축산심송림청)

極樂影池石橋虹 (극락영지석교홍)

祖殿後庭翠竹密 (조전후정취죽밀)

微妙華心月輪俑 (미묘화심월륜용)

▷ 극락영지極樂影池 : 경봉스님이 연못과 돌다리를 만드시고 지은 이름. 연못에 그림자가 비친다고 해서 '극락영지'라고 하며, 석교가 무지개 모양이어서 '홍교虹橋'라고도 부른다.

▷ 미묘화微妙華 : 신심信心과 수행修行이 깊은 불자님. 통도사 극락암에서 동안거마다 봉사와 정진을 해오고 있다.

영웅英雄　　　　　　　　　　英雄
　　　　　　　　　　　　　　　　(영웅)

모든 사람은 영웅英雄을 꿈꾸고

영웅英雄은 천하天下 얻기를 꿈꾸네.

천하天下의 사람들은 영웅英雄을 따르고

영웅英雄은 천하天下의 사람들을 소중히 여기네.

人人夢英雄 (인인몽영웅)

英雄夢天下 (영웅몽천하)

天下隨英雄 (천하수영웅)

英雄重天下 (영웅중천하)

▷ 현대의 영웅英雄이란 인류의 식량, 기아, 질병, 전쟁, 종교 갈등 등을 해결하고자 헌신하는 사람, 인류의 평화를 위해 헌신하는 사람. 나라마다 빈부문제, 지역갈등, 세대갈등, 환경파괴문제, 종교 갈등 등의 해결에 헌신하는 삶을 사는 사람은 모두가 영웅 중에 영웅英雄이다.

▷ 무엇이 성공한 사람인가? 사람마다 성공의 기준은 천차만별이지만, 자신이 세운 목표를 성취한 사람이 성공한 사람이라고 할 수 있다. 더 큰 성공인은 이타적利他的 삶을 사는 사람이다.

▷ 불교의 관점에서 영웅英雄이란 부처님같이 자성自性을 깨달아서 일체 중생도 자성自性을 깨닫도록 이끌어주는 사람을 영웅 중에 영웅이라 부르며, 대웅大雄이라고 표현한다.

신령스런 광명 神光
(신광)

떠나가는 가을이 그대로 장엄이니

이와 같은 풍광風光에 무슨 헤아림이 미치리오.

차갑고 서늘한 가을바람에 눈물이 가득하니

구천에 외롭게 떠도는 영혼들이 신광神光에 젖어들기를 바라오.

離去秋日是莊嚴 (이거추일시장엄)

如此風光及何量 (여차풍광급하량)

寒涼秋風滿眼水 (한량추풍만안수)

九泉孤魂霑神光 (구천고혼점신광)

▷ 선지善智스님이 보내온 문자 보고, 저자著者가 한시漢詩 지음.
▷ 선지스님 : 현재 대구 통천사 주지. 동화사 불전연구원장 소임 중. 동국대학교에서 남종선南宗禪 연구로 박사학위 취득하였으며, 수덕사, 동화사 승가대학 교수 역임하였다.

금빛 모래 위를 같이 걸었네

同行金沙上
(동행금사상)

벗이 그리워 천릿길을 찾아갔네.
우리는 금빛 모래 위를 같이 걸었지.
푸른 하늘, 푸른 파도를 바라보며
다정한 이야기는 끝없이 이어졌네.
해풍海風이 불고 흰 갈매기 날고
가슴속에 열정은 부풀어 올랐네.
해어海魚에 한잔 마시니 즐거웠고
지금도 그 여운餘韻이 항상 하네.

戀友千里訪 (연우천리방)
同行金沙上 (동행금사상)
碧空滄波眺 (벽공창파조)
情談不絕長 (정담부절장)
海風白鷗飛 (해풍백구비)
胸襟熱情張 (흉금열정장)
海魚一杯樂 (해어일배락)
只今餘韻恒 (지금여운항)

꿈속에서　　　　　　　　　　　　　　夢中
　　　　　　　　　　　　　　　　　　　(몽중)

명사십리明沙十里 백사장白沙場을
꿈속에서 님과 함께 걸어갔네.
푸른 하늘, 푸른 바다는 끝없이 펼쳐있고
옥빛 파도소리에 심신心身이 상쾌하네.
우리는 금빛 모래 위에 발자국을 남기고
서로 생각하고 사랑하는 마음이 무진장無盡藏이네.
끝없는 그리운 마음은 천지天地에 가득 차고
갈매기 우는 소리는 바다에 울려 퍼지네.

明沙十里白沙場 (명사십리백사장)
夢中與君步步長 (몽중여군보보장)
靑天碧海無限展 (청천벽해무한전)
翠色濤聲心身爽 (취색도성심신상)
金色沙上足跡餘 (금색사상족적여)
相思愛心無盡藏 (상사애심무진장)
無窮戀心滿天地 (무궁연심만천지)
白鷗鳴聲響海上 (백구명성향해상)

백기완 선생의 별세 　　哭 別世 白基玩 先生
　　　　　　　　　　　　　(곡 별세 백기완 선생)

불의에 항거한 시대의 영웅이시며
민주주의 회복에 일생을 바치셨네.
오직 국민을 위해 온몸을 바치시니
별세하셨어도 이름은 빛나고 공적을 우러러보네.

不義抗拒時代英 (불의항거시대영)
民主回復一生貢 (민주회복일생공)
唯爲國民全身投 (유위국민전신투)
別世輝名仰視功 (별세휘명앙시공)

▷ 백기완 : 황해도 출생, 통일문제연구소장(1932~2021).
　- 일생을 민주화 운동에 투신하였다.
　- 달동네, 새내기, 동아리 등의 순우리말이 우리 일상에서 쓰일 수 있도록 앞장서 노력함.
　- '임을 위한 행진곡'은 백기완 선생이 옥중에서 쓴 시 '묏비나리'로 가사가 완성된 것이다.

설경과 봄기운

雪景與春氣
(설경여춘기)

어젯밤에 눈꽃이 무수히(만점萬點) 내리고
오늘은 산색이 모두 한 모양을 이루었네.
나목裸木에 차가운 눈은 조각조각 떨어지고
푸른 하늘에 봄기운은 점점 세력이 성盛하네.

昨夜雪花萬點下 (작야설화만점하)
今日山色一樣成 (금일산색일양성)
裸木寒雪片片落 (나목한설편편락)
靑天春氣漸漸盛 (청천춘기점점성)

울산 신흥사에서   於蔚山新興寺
(어울산신흥사)

울산 동해東海의 어회가魚膾家에서
두 어진 대덕大德스님들과 맛난 음식(미식美食)을 즐겼네.
천년고찰 신흥사로 돌아와 녹차綠茶를 나누는데
한 마디의 말과 한 번 웃음이 그대로 원각圓覺이네.

蔚山東海魚膾家 (울산동해어회가)
兩賢大德美食樂 (양현대덕미식락)
歸來古刹綠茶分 (귀래고찰녹다분)
一言一笑即圓覺 (일언일소즉원각)

▷ 원각圓覺 : 완전무결한 원만한 깨달음. 석가여래의 정각正覺. 조금도 결함이 없는 우주의 신령스러운 깨달음.

세 성씨姓氏를 가진 좋은 여인들　　　三姓善女 (삼성선녀)

파주시 적성면에 일상日常 카페에서
세 성씨姓氏를 가진 좋은 여인과 다담을 하였네.
낱낱의 인품이 꾸밈이 없이 순박하니
호계삼소虎溪三笑가 어찌 옛날에만 있으랴.

積城面中日常店 (적성면중일상점)
三姓善女茶啖會 (삼성선녀다담회)
箇箇人品質樸成 (개개인품질박성)
虎溪三笑何古在 (호계삼소하고재)

시불, 시선, 시성의 시편詩篇

遇詩佛詩仙詩聖之詩篇
(우시불시선시성지시편)

맹호연과 왕유의 시를 우러러 사모하고
이백과 두보의 시를 우러러 보았네.
달이 새벽에 이르도록 침상에서 잠 못 이루다가
홀연히 시안詩眼이 열려 마음의 세계가 비로소 열렸네.

孟浩王維詩瞻仰 (맹호왕유시첨앙)
李白杜甫詩仰視 (이백두보시앙시)
月行曉向床不眠 (월행효향상불면)
忽開詩眼心界始 (홀개시안심계시)

▷ 시불詩佛 : 왕유(王維, 699~759)는 시불詩佛로 불린다. 중국 당唐나라 때의 시인이며, 중국 남종화南宗畵의 개조開祖이다.
▷ 시선詩仙 : 이백(李白, 701~762)은 시선詩仙으로 불린다. 중국 당唐나라 때의 시인이며, 자字는 태백太白이다.
▷ 시성詩聖 : 두보(杜甫, 712~770)는 시성詩聖으로 불린다. 중국 당唐나라 때의 시인이며, 자字는 자미子美이다.

우주宇宙와 인생人生

宇宙 (우주)
宇宙之年齡 (우주지연령) 우주의 나이(우주의 탄생)는
一三七億年 (일삼칠억년) 137억 년이다.

地球 (지구)
地球之年齡 (지구지연령) 지구의 나이(지구의 탄생)는
四十六億年 (사십육억년) 46억 년이다.

生命 (생명)
生命之出現 (생명지출현) 지구상에 생명의 출현出現은
三十五億年 (삼십오억년) 35억 년이다.

人生 (인생)
長久歲連續 (장구세연속) 장구長久한 세월이 연속連續되고
人生歷史連 (인생역사연) 그 속에서 인간의 역사가 이어져 왔다.

甘夢 (감몽)

人間一生間 (인간일생간) 인간이 일생 동안에
幸福追求間 (행복추구간) 행복을 추구하는 사이에
不覺甘夢間 (불각감몽간) 달콤한 꿈을 꾸고 있는 사이에
百年瞬息間 (백년순식간) 백년의 세월 순식간에 지나간다.

觀心 (관심)

萬緣放下着 (만연방하착) 온갖 인연 만연萬緣을 방하착하라.
擧覺是甚麼 (거각시심마) 이 뭣꼬 화두話頭만 거각擧覺하라.
惺惺寂寂看 (성성적적간) 성성惺惺하고 적적寂寂하게 보라.
寂寂惺惺看 (적적성성간) 적적寂寂하고 성성惺惺하게 보라.

영한대사 청공
英埠大師 清供

英埠大師 清供
(영한대사 청공)

금강경 글자수는

오천백사십구자이네.

붓글씨로 완성하니

부처님 광명이 법당에 가득하네.

한 획 한 글자가

처음과 끝이 한결같네.

한 글자 한 글자마다 금빛을 이루고

한 장 한 장마다 진리보배이네.

대사大師의 도심道心이

영축산에 번쩍 빛나네.

날마다 탑전을 모시고

때때로 경전을 보네.

세상과 더불어 청산靑山에

왕래往來함에 걸림이 없네.

우는 새와 매미 소리여,

일체가 진리의 법음法音이네.

金剛經字 (금강경자)
五一四九 (오일사구)
墨書完成 (묵서완성)
佛光滿堂 (불광만당)
一劃一字 (일획일자)
始終如一 (시종여일)
字字金化 (자자금화)
張張法寶 (장장법보)
大師道心 (대사도심)
靈鷲光輝 (영축광휘)
日日侍塔 (일일시탑)
時時看經 (시시간경)
世與靑山 (세여청산)
往來無碍 (왕래무애)
啼鳥蟬吟 (제조선음)
一切法音 (일체법음)

▷ 영한대사英埠大師 : 영축산 통도사의 스님. 통도사 시탑전에서 수행하고 있으며, 조계종의 종사宗師이다. 불학佛學과 유학儒學에 조예造詣가 깊다.

불이암不二庵에서　　　　　　　　於不二庵
　　　　　　　　　　　　　　　　　　(어불이암)

새벽하늘이 맑은 빛으로 시작하고
동쪽의 첫 시작, 붉은 태양이 솟아오르네.
차를 달여서 한 잔 마시는 중에
창밖으로 바다와 등대를 바라보네.
앞마당 언덕에 억새꽃이 빛나는 때,
홀연히 옛 도반 등을 만났네.
차 마시고 담소談笑하니 기쁨 가득하고
가을바람에 아득한 감상이 일어나네.

▷ 월문 정묵선사와 함께 남도에 대흥사 조실 보선대종사와 미황사 소요암에 가상 범혜선사를 참방하고 1박 후에 순천 천자암을 순례하고, 다시 소요암에서 1박

曉空淸輝發 (효공청휘발)
東初紅日昇 (동초홍일승)
煎茶一飮中 (전다일음중)
窓外望海燈 (창외망해등)
丘陵荻花彬 (구릉적화빈)
忽逢故友等 (홀봉고우등)
茶宴談笑悅 (다연담소열)
金風曠感興 (금풍광감흥)

하고, 통도사로 가는 길에 사천시 곤명면 봉명산 다솔사 불이암에 도착하여 불이암 암주 효공 동초선사를 참방參訪하고 지은 시이다.

처음 서로 만난 인연을 회상하며
回想最初相逢因緣
(회상최초상봉인연)

삼십 년 전, 청량선원에서 처음 서로 만났을 때,

지천명知天命의 나이에 항아선녀 같았네.

가릉빈가합창단원으로 찬불가를 부르며

삼십년 세월을 지나오는 동안에 님의 공덕 생각하네.

마하금강사 창건의 가장 큰 공덕주功德主로서

봄 가을 세월이 흘러가도 변함없이 부처님 자비를 실천하였네.

오직 원하는 바는 회장님부부가 장수복長壽福을 누리시고

자손이 모두 번창繁昌하고 상서로운 빛이 내리시길 기원하네.

▷ 무진행 김근옥 신도회장님과 처음 만난 인연을 회상하며 지은 시이다. 신도회장님은 1992년 서울에서 1년간 운영했던 청량선원 시절부터, 그리고 1993년부터 지금에 이르기까지 마하금강사 창건에 가장 큰 공덕주이다.

淸凉禪院初相逢 (청량선원초상봉)
知天命歲如姮娥 (지천명세여항아)
迦陵頻伽讚佛歌 (가릉빈가찬불가)
三十年來功德思 (삼십년래공덕사)
此寺創建大施主 (차사창건대시주)
無關春秋行佛慈 (무관춘추행불자)
唯願夫婦長壽福 (유원부부장수복)
子孫昌盛瑞光下 (자손창성서광하)

부군이신 최록일 후세메닉스 회장님과 함께 청정한 신심信心으로 불자佛子가족의 귀감龜鑑이 되고 있다. 회장님은 그 시절에 중앙불교합창단과 가릉빈가불교합창단의 단원으로 크게 활동하였다.

달마산을 순례하며 　　　達摩山巡禮中
　　　　　　　　　　　　　　　(달마산순례중)

달마산 아래 옛 도량道場이여,

노지露地에서 소가 들풀을 뜯어 먹고 있네.

소 울음소리가 아름답고 황금黃金빛 사람이 이르러서

절(범찰梵刹)을 창건한 전설이 빛나고 있네.

산봉우리마다 기이한 바위가 외외巍嵬하게 서 있고

천 길 높이의 석벽에 미묘한 암자(도솔암)가 뛰어난 모습이네.

도솔암 망루望樓에 오르는 사람들의 발길은 끊임없고

석양이 푸른 바다로 지는 모습은 가장 아름답고 좋은 풍광이네.

達摩山下古道場 (달마산하고도량)
露地一牛食野草 (노지일우식야초)
美麗牛鳴金人到 (미려우명금인도)
創建梵刹傳說照 (창건범찰전설조)
山峯奇巖巍嵬立 (산봉기암외외입)
千仞石壁妙庵超 (천인석벽묘암초)
兜率望樓人不絕 (도솔망루인부절)
日沒蒼海風最好 (일몰창해풍최호)

제 9 부

시절인연時節因緣 (2)

마음달이 뜨네　　　　　　　　　出心月
　　　　　　　　　　　　　　　　　(출심월)

해 저물 무렵 삭풍朔風이 뼛속까지 파고들어
땔감나무를 옮겨 아궁이에 불 지피고 잠시 달을 바라보네.
선방禪房에서 황차黃茶한 잔 마시고
홀로 포단(좌복)에 앉으니 마음에 달이 뜨네.

日暮朔風寒徹骨 (일모삭풍한철골)
搬柴燒竈暫望月 (반시소오잠망월)
禪房黃茶喫一盞 (선방황차끽일잔)
獨坐蒲團出心月 (독좌포단출심월)

빛을 돌이키다   返照 (반조)

팔공산에 아침 해가 떠서 세상을 반조返照하고
항상 대장경을 보니 마음이 막힘없이 환하게 통하네.
도암道巖스님의 법화法化는 세상을 이익 되게 하고
보윤普潤스님의 진리의 북소리(法鼓)는 하늘에 울리네.

八公日出返照世 (팔공일출반조세)
常見大經洞徹心 (상견대경통철심)
道巖法化利世間 (도암법화이세간)
普潤法鼓響天心 (보윤법고향천심)

▷ 반조返照 : 빛을 돌이켜 자신의 마음을 비춤.
▷ 보윤普潤스님 : 동화사 승가대학 교수와 해인사 승가대학 교수를 역임했다. 반조암返照庵을 창건하여 수행 전법하고 있다.

마음달이
홀로 드러나다

心月獨露
(심월독로)

소림사에 달마대사의 마음의 칼(心劍)로 무명無明을 끊으니

마음달(心月)이 홀로 드러나 광명이 빛나고 빛나네.

벚꽃(櫻花), 철쭉꽃(杜鵑花)은 이미 소멸하고 사라졌지만

작약꽃(芍藥花), 수국화(水菊花)는 피어나 아름다운 경치이네.

하안거夏安居 전날 밤(전야前夜) 보름달이 비추는데

홀로 도량道場을 걸으며 진리의 경지(法境) 함유含有하네.

새 소리, 바람 소리가 그대로 화엄경華嚴經의 소식이요.

손 한 번 들고, 발 한 번 옮겨 놓는 것이 그대로 대장경의 나타남이네.

▷ 심검心劍 : 심검(마음의 칼)은 지혜의 칼을 상징함.
▷ 무명無明 : 모든 번뇌의 총칭總稱으로 근본번뇌를 말함.
▷ 앵화櫻花 : 벚꽃.

小林心劍斷無明 (소림심검단무명)
心月獨露光炯炯 (심월독로광형형)
櫻花杜鵑已消去 (앵화두견이소거)
芍藥水菊發美景 (작약수국발미경)
安居前夜照望日 (안거전야조망일)
獨步道場含法境 (독보도량함법경)
啼鳥風聲即華嚴 (제조풍성즉화엄)
擧手投足現大經 (거수투족현대경)

▷ 두견화杜鵑花 : 진달래꽃.

마음을 돌이켜 먹으면　　　　回心常樂節
　　　　　　　　　　　　　　　　（회심상락절）

겨울바람이 숲에 부딪치는 소리가 들리고
잿빛 하늘에는 구름 눈이 다가오네.
산사山寺는 쓸쓸하고 고요함이 짙어가고
종일토록 왕래하는 이가 한 사람도 없네.
선방禪房 아궁이에는 장작이 타고
12월 달력은 말일末日을 향해 달려가네.
인생은 괴롭고 쓰라림이라고 누가 말했나.
마음을 돌이켜 먹으면 늘 즐거운 시절이네.

▷ 납월철臘月綴 : 12월 달력을 엮어 놓은 것을 '납월철'이라 표현함.
▷ 소적蕭寂 : 쓸쓸하고 고요한 모양.
▷ 상락常樂 : 언제나 즐거움.

寒風擊林聲 (한풍격림성)
灰天近雲雪 (회천근운설)
山寺蕭寂濃 (산사소적농)
終日往來絕 (종일왕래절)
禪房長斫燒 (선방장작소)
走末臘月綴 (주말납월철)
誰言生苦辛 (수언생고신)
回心常樂節 (회심상락절)

마음의 등불 · 1

心燈
(심등) · 1

꽃피고 파랑새(청조靑鳥) 우는

사월 초파일四月初八日이네.

부처님이 사바세계娑婆世界 오서

올바른 깨달음으로 지혜의 태양이 되셨네.

불타는 세계(화택火宅), 고통의 세계(고해苦海) 중생을

이미 빠짐없이 제도해 마치셨네.

부처님 가신 지 어느 새 삼천 년三千年이 지나가는데

부처님 마음의 등불(심등心燈)은 하늘과 땅을 환히 밝히네.

▷ 실實 : 열매 실. 열매, 씨, 종자, 공물貢物, 재물財物, 재화財貨, 내용內容, 바탕, 본질本質, 녹봉(祿俸: 벼슬아치에게 주던 급료).
▷ 작록爵祿 : 관작官爵과 봉록俸祿, 자취(어떤 것이 남긴 표시나 자리), 행적(行跡 · 行績 · 行蹟), 참됨, 정성精誠스러움, 곡식穀食이 익다, 굳다, 자라다, 튼튼하다, 실제로

花發靑鳥鳴 (화발청조명)
四月初八日 (사월초파일)
佛陀娑婆來 (불타사바래)
正覺智慧日 (정각지혜일)
火宅苦海衆 (화택고해중)
已度無漏畢 (이도무루필)
於焉三千過 (어언삼천과)
心燈天地實 (심등천지실)

　　행하다(行), 책임을 다하다, 밝히다, 적용하다, 그릇에 넣다, 참으로, 진실로(眞實),
　　드디어, 마침내.
▷ 實(지) : 이를 지. 이르다(어떤 장소나 시간에 닿다), 다다르다, 도달하다(到達).

마음의 등불 · 2

心燈
(심등) · 2

꽃 피고 파랑새 우는 사월 초파일에
부처님은 사바세계娑婆世界로 오셨네.
어느 새 삼천 년三千年 지나고
마음의 등불 하늘과 땅을 밝히네.

花發靑鳥鳴 (화발청조명)
佛陀娑婆來 (불타사바래)
於焉三千年 (어언삼천년)
心燈天地憓 (심등천지혜)

불경佛經을 보며 자성自性을 보네　　看經見性
（간경견성）

맑고 깨끗한 선당禪堂에는 수행의 거울(법감法鑑)을 걸고
고요히 비추는 경상經床에는 한 권의 경서經書뿐이네.
불전(佛敎經典)과 어록(祖師語錄)은 모두 한 마음을 밝힌 것이니
경(佛經)을 보고 자성自性보니 상서로운 빛으로 빛나네.

淸白禪堂掛法鑑 (청백선당괘법감)
寂照經床一卷書 (적조경상일권서)
佛典語錄明一心 (불전어록명일심)
看經見性輝光瑞 (간경견성휘광서)

▷ 보윤普潤스님의 반조암返照庵을 방문하고 지은 시이다.
▷ 보윤普潤스님 : 동화사 승가대학 교수와 해인사 승가대학 교수를 역임했다. 반조암返照庵을 창건하여 수행 전법하고 있다.
▷ 선당禪堂 : 참선하는 곳.
▷ 불전佛典 : 불교의 경전經典, 불경佛經.
▷ 견성見性 : 자성自性을 봄. 깨달음.

불교의 중도中道

中道
(중도)

지혜로 관조觀照하니 존재(色)가 곧 비존재(공空)요.
마음도 일체 의식도 만상萬象도 본래 비존재(공空)이네.
지혜로 비춰보니 비존재(空)가 곧 존재(色)요.
존재(色)와 비존재(空)가 둘 아님을 바로 보는 것이 중도이네.

般若觀照色卽空 (반야관조색즉공)
心識萬象本來空 (심식만상본래공)
智慧照見空卽色 (지혜조견공즉색)
正見不二中道頌 (정견불이중도송)

▷ 반야般若 : 모든 법의 진실상을 아는 지혜智慧.
▷ 심식心識 : 여기서는 마음과 의식意識의 모든 것을 의미함.
▷ 만상萬象 : 삼라만상森羅萬象 우주 안에 있는 온갖 사물事物과 현상現象.
▷ 정견正見 : 팔정도八正道의 하나. 제법諸法의 진상眞相을 바르게 판단하는 지혜.
▷ 중도中道 : 어느 한쪽으로 치우치지 않는 바른 길.

대종사 사십구재

杲山 大宗師 覺靈
(고산 대종사 각령)

고산 방장方丈 스님의 전신全身이 가시니
지리산중에 슬픈 비가 주룩주룩 내리네.
제방諸方에 스님과 불자님이 사십구재에 참석하여
조주선사趙州禪師의 맑은 차를 올리고 예배 헌화하네.

杲山方丈全身去 (고산방장전신거)
智異山中悲雨下 (지리산중비우하)
諸方僧俗大齋參 (제방승속대재참)
拜禮獻花趙州茶 (배례헌화조주다)

▷ 방장方丈 : 방장은 총림을 대표하며 그 지도감독권을 갖는다.
▷ 총림叢林 : 선원, 승가대학, 승가대학원, 율원, 염불원 등의 수행기관을 둔 교구본사를 말한다.
▷ 조주다趙州茶 : 조주종심(趙州從諗, 778~897)스님은 불법佛法을 묻는 사람들에게 이렇게 답했다. '끽다거'(차 한 잔 하게). 제자들이 왜 그렇게 답하시느냐고 물으면 '끽다거'(자네도 차 한 잔 하게)라고 답했다. 이러한 이유로 조주다趙州茶가 유명하다.
▷ 쌍계총림 쌍계사의 방장, 고산 대종사의 사십구재를 맞이하여 지은 추모시다.

대춘사待春思에 차운하다

次待春思韻
(차대춘사운)

자장홍매가 통도사 영각影閣 청마루에 만개하고
푸른 아지랑이 피어오르고 파랑새 소리 청아하네.
만인萬人의 가슴에는 봄소식이 부풀어 오르는데,
영축산 노을은 산봉우리 뒤로 기울어지네.

慈藏紅梅開影廳 (자장홍매개영청)
昇化蒼靄淸鳥鳴 (승화창애청조명)
萬人胸中春信塉 (만인흉중춘신장)
靈鷲斜陽後峯傾 (영축사양후봉경)

▷ 대춘사待春思 : 봄을 기다리며.

봄을 기다리며
정상일

待春思
(대춘사)

서풍이 처마 밑 청마루(연청燕廳)를 쓸고
나는 홀로 앉아 봄이 오는 소리를 기다리네.
고우故友는 멀리 있어 소식이 적적한데
해질 녘 노을은 뒤란 처마에 기우네.

西風掃燕廳 (서풍소연청)
獨坐待春鳴 (독좌대춘명)
故友遠寂信 (고우원적신)
斜陽後檐傾 (사양후첨경)

해인海印의 노래 詠海印
(영해인)

오늘 아침 창가에서 잠시 그대를 생각하네.
추운 겨울 찬바람을 어찌 참고 견디는가.
삼동三冬이 물러가고 봄날이 오면
서로 얼굴을 마주보고 한 잔하며 해인海印을 노래하세.

今朝窓邊暫思君 (금조창변잠사군)
嚴冬寒風何堪忍 (엄동한풍하감인)
退去三冬來春日 (퇴거삼동내춘일)
對面一杯詠海印 (대면일배영해인)

▷ 海印(해인) : 해인海印에서 '해海'는 바다란 말인데, 마음을 뜻한다. '인印'은 도장 찍는다는 말인데, 불가佛家에서는 "인印친다"라고 말한다.
  해인은 바다에 도장 찍는다는 말이 아니고, 바다(마음)에 삼라만상이 비친다는 말이다. 즉, 진리의 바다에 망상妄想이 다하고, 마음이 맑아짐에 만상萬象이 함께 나타난다.

대해大海는 바람에 의해 물결을 일으키되 만약 바람이 자면 맑아져서 현상의 나타나지 않음이 없음과 같다. 이에 법을 관조觀照함을 바다에 만상이 비추는 것에 비유해 이르는 말이다. 즉 바다가 잔잔하면 삼라만상이 그대로 해면海面에 나타나 그것이 마치 바다에 그대로 찍은 것처럼 보인다. 그것이 '해인海印'이다. 결국 부처님 지혜에 이르면 우주의 모든 만물 실상實相을 깨달아 알게 됨을 의미한다.

시월의 마지막 날   　十月之末日
　　　　　　　　　　　　　　　(시월지말일)

시월의 마지막 날이 저물어 가는데
먼 마을에서 닭의 울음이 들려오네.
가을의 산에 붉은 단풍은 더욱 깊어 가는데
술잔을 들고 지음知音을 기다리네.

十月末日暮 (시월말일모)
遠村鷄鳴來 (원촌계명래)
秋山紅葉深 (추산홍엽심)
擧杯知音待 (거배지음대)

선사先師 추모일에

先師追慕日 (선사추모일)

가을 하늘에 해 떠오르니 흰 안개 사라지고
나그네의 눈앞에 청산靑山이 펼쳐 있습니다.
영축산 적멸보궁의 감로차甘露茶를
선사先師님의 각령覺靈전에 올리고 정례頂禮합니다.

秋天日出白霧消 (추천일출백무소)
一客眼前靑山展 (일객안전청산전)
靈鷲寶宮甘露茶 (영축보궁감로다)
先師覺靈頂禮獻 (선사각령정례헌)

천관산에서   天冠山
                                                 (천관산)에서

천하天下를 돌고 돌아 고향땅으로 돌아오니
천관산하天冠山下가 모두 옛 도량이네.
반야대般若臺에서 대원大願을 세우니
오백아라한이 스스로 본래 고향집을 이루었네.
나도 남도 몰록 깨달으면 원래 일원一圓이니
보리방편문 법문法門의 향기(법향法香)일세.
금타조사金陀祖師, 청화조사淸華祖師의 자비이니
끊임없이 전법傳法하여 널리 일체에 회향하네.

▷ 명원스님 : 천관산 반야대에 안거 중인 스님이다.
▷ 월문선사와 함께 남도를 여행할 때, 명원스님을 만나서 같이 지역 탐방을 하였다. 명원스님이 강진에 숙소宿所를 정해주고 함께 공양하였던 인연이 있다.
   다음날은 해남 대흥사에서 범혜선사와 조실 보선대종사를 만나기로 선약이 되어서 대흥사에서 조실스님과 유나 정찬선사와 월문선사와 범혜선사와 명원선사와 함께 공양하였다.

天下回回歸故鄕 (천하회회귀고향)
天冠山下古道場 (천관산하고도량)
般若臺中立大願 (반야대중입대원)
五百羅漢成本鄕 (오백나한성본향)
頓覺自他元一圓 (돈각자타원일원)
菩提方便門法香 (보리방편문법향)
金陀淸華師慈悲 (금타청화사자비)
綿綿傳法普回向 (면면전법보회향)

▷ 인도에서 조성해 온 목조 오백나한상을 좋은 인연을 만나 명원스님이 기증받았는데, 앞으로 오백나한전과 선원 건립의 대원을 세웠다는 명원스님의 설명을 듣고, 또 월문스님이 지은 '돌고 돌아 고향땅으로 왔네.'라는 시를 보고, 이와 같은 내용을 담아 금타金陀 조사祖師의 문손이며, 청화淸華 조사祖師의 제자인 명원스님의 원력에 찬사를 보내며 지은 시이다.

지음知音과 함께 　　　　　望海知友酸
　　　　　　　　　　　　　　　　(망해지우잔)

비바람 불고 파도는 높이 솟아오르며
거센 파도가 절벽에 부딪쳐서 흩어지네.
금빛 모래 위에는 흰 갈매기들 내려오고
지음知音과 함께 푸른 바다 바라보며 한 잔 하네.

風雨海波高 (풍우해파고)
激浪絶壁散 (격랑절벽산)
金砂白鷗下 (금사백구하)
望海知友酸 (망해지우잔)

▷ 지음知音 : 음악의 곡조를 잘 앎. 마음이 서로 통하는 친한 벗.

일단법문
(선지대사가 지은 글)

一段法門
(일단법문)

그 시대 그 자리가 생기니 조계산이 우뚝 솟고
시공간이 없어지니 조계산이 사라졌네.
원래 텅 빈 자리 시시때때 눈앞에 드러나니
진여자성불이라고 점을 찍을 곳이 없네.

時代歷史生 (시대역사생)
曹溪山頂屹 (조계산정흘)
時空間滅無 (시공간멸무)
曹溪山亦滅 (조계산역멸)
元來空空地 (원래공공지)
時時眼前現 (시시안전현)
眞如自性佛 (진여자성불)
無有別點處 (무유별점처)

▷ 대구 통천사 주지 선지스님이 카톡으로 보내온 한글 시인데, 저자著者가 운韻은 맞추지 않고 뜻을 살려 5언 율시五言律詩로 지었음.

시월에 차운次韻하다

次十月韻
(차시월운)

아침 해 오르니 산 빛이 찬란하게 가득차고
숲속에서 바람 불어오니 가슴이 맑고 차갑구나.
강 가운데 청둥오리는 놀고 갈대꽃 피는 계절이니
지음知音과 재회再會할 날이 어느 때 인가 헤아려보네.

曉日山色燦爛滿 (효일산색찬란만)
林中風來胸淸寒 (임중풍래흉청한)
江中遊鴨蘆花節 (강중유압노화절)
知音再會何時算 (지음재회하시산)

시월 十月
정상일

十月
(시월)

아침 안개 피어나는 들판은 가을빛이 가득하고
청둥오리 졸고 있는 강물은 이미 차가워 졌겠지.
탁주 몇 잔 마시는 사이에 봄, 여름, 가을은 지나가고
주머니 속에 남은 인생을 홀로 공연히 헤아려 보네.

朝霧田野秋色滿 (조무전야추색만)
靑鴨睡江已自寒 (청압수강이자한)
濁酒數杯去三節 (탁주수배거삼절)
囊中殘生獨空算 (낭중잔생독공산)

인생의 길, 출세出世의 길

人生之道, 出世之道
(인생지도, 출세지도)

인생이 세상에 나올 때는
반드시 큰 뜻이 있는 것이다.
가족에게 헌신하는 삶은
모든 사람이 당연히 하는 것이다.
공인公人의 길, 지도자의 길은
사사로운 이익보다 공익을 우선으로 한다.
시민으로부터 선택받은 수장(단체장)은
처음부터 끝까지 시민을 위해 일해야 한다.
세상을 구하고 민생을 구제하는 것이요
나라의 이익과 국민의 행복을 위하는 것이다.
수장首長은 시민이 선출해 주는 것이니
항상 변함없이 잊지 말 것이다.
오직 대중(유권자)의 신망을 얻는 것이
최고의 명예이다.
이와 같이 실천하는 삶이라면
출세出世한 인생이라 말하리라.

人生出世 (인생출세) 必有大志 (필유대지)
家族獻身 (가족헌신) 諸人當然 (제인당연)
公人之道 (공인지도) 先公後私 (선공후사)
選授首長 (선수수장) 始終爲民 (시종위민)
救世濟民 (구세제민) 國利民福 (국리민복)
民選首長 (민선수장) 恒常不忘 (항상불망)
唯得信衆 (유득신중) 最高名譽 (최고명예)
如是實踐 (여시실천) 出世人生 (출세인생)

▷ 공직公職에 출마하는 지인知人을 위해 지은 글이다.

천리 먼 길을 가다 　　　遠行千里
　　　　　　　　　　　　　　　(원행천리)

산을 넘고 바다 건너고 광야를 지나서
천리 먼 길을 가서 도반을 만났네.
송이버섯에 진귀한 음식으로 연회가 풍성하고
석모도 바다에 해가 반쯤 저물어 가네.

越山渡海經廣野 (월산도해경광야)
遠行千里逢道伴 (원행천리봉도반)
松茸珍餐豊宴會 (송이진찬풍연회)
席毛島海日暮半 (석모도해일모반)

용문선원에서 · 1

於龍門禪院
(어용문선원) · 1

해거름에 용문선원에 이르니
청풍이 구름 나그네를 맞이하네.
도우道友들이 한자리에 함께 하고
찻잔은 산 빛(山色)을 머금었네.

日暮到龍門 (일모도용문)
淸風迎雲客 (청풍영운객)
道友共一座 (도우공일좌)
茶盞含山色 (차잔함산색)

▷ 용문선원 : 경기도 양평군 용문면 연수리 220-5 상원사 용문선원.

용문선원에서 · 2

於龍門禪院
(어용문선원) · 2

상원사 용문선원에 이르러
구름 나그네가 하룻밤을 묵음이여!
우렁찬 계곡물 소리는 밤새도록 흐르고
창 밖에 밝은 달이 다가오네.

龍門禪院到 (용문선원도)
雲客一宿兮 (운객일숙혜)
夜來溪聲高 (야래계성고)
窓外明月來 (창외명월래)

용문선원에서 · 3 　　　　　於龍門禪院
　　　　　　　　　　　　　　　　(어용문선원) · 3

상원사 용문선원에 이르러
구름 나그네가 하룻밤을 묵음이여!
우렁찬 계곡물 소리는 밤새도록 흐르고
달빛이 창문을 두드리고 들어오네.

龍門禪院到 (용문선원도)
雲客一宿兮 (운객일숙혜)
夜來溪聲高 (야래계성고)
月光敲窓來 (월광고창래)

등관작루에 차운하다

次王之渙登鸛雀樓韻
(차왕지환등관작루운)

밝은 해가 지니 하늘에 노을도 사라지고
산새 울음은 심금心琴을 울리고 흐르네.
고향에 돌아오니 기쁨이 눈에 가득하고
옛 누각樓閣에는 등불이 환히 빛나네.

日落天霞盡 (일락천하진)
啼鳥心琴流 (제조심금류)
歸鄕喜滿目 (귀향희만목)
燈光輝古樓 (등광휘고루)

관작루에 올라서
왕지환

登鸛雀樓
(등관작루)

밝은 해는 산을 의지해 지고
황하는 바다로 흘러들어 가구나
천리를 다 보고자 하여
다시 누각을 한 층 더 올라가네.

白日依山盡 (백일의산진)
黃河入海流 (황하입해류)
欲窮千里目 (욕궁천리목)
更上一層樓 (갱상일층루)

▷ 중국 당나라 시대 왕지환(王之渙. 688~742)의 대표작으로 중국 학생들 사이에서 당시唐詩의 인기 순위 1위를 차지하고 있다고 한다.

내소사 지장암 시절을 회고하며

回顧來蘇寺地藏庵時節
(회고내소사지장암시절)

변산반도 능가산내楞伽山內의 지장암에서
숙세宿世의 인연 있는 옛 벗을 문득 서로 만났네.
청운靑雲의 웅장한 기운은 하늘과 땅에 가득 차니
사방을 돌아봐도 두려움 없어 높은 봉우리를 답파踏破했네.
시방十方을 뛰어 넘는 경지가 눈앞에 열리니
해안선사海眼禪師 법문法門의 종소리가 울려 퍼지네.
새소리 바람소리가 그대로 선사禪師의 살아있는(활구活句) 설법이니
아직도 지장암 도량에 멋진 금잔디 풍경이 선연鮮然히 떠오르네.

▷ 20대 시절, 하안거 해제시에 부안 내소사 지장암에 도착하여 여러 날을 지냈었다. 거기서 좋은 도반을 만나 평생 지음知音이 되었다.
　그 시절에 암주庵主는 비구比丘스님이었으며, 그 스님의 안내로 해안선사의 조실祖室방을 들어서니 방안의 벽면에 걸려있는 '초연시방超然十方'의 액자가 눈에 확 들어왔다. 저자는 '초연시방'이 너무 좋아 자호自號를 초연超然으로 사용해 왔었다.

楞伽山內地藏庵 (능가산내지장암)
宿緣故友忽相逢 (숙연고우홀상봉)
靑雲雄氣充天地 (청운웅기충천지)
四顧無畏踏高峯 (사고무외답고봉)
超然十方開眼前 (초연시방개안전)
海眼禪師響法鐘 (해안선사향법종)
啼鳥風聲卽活句 (제조풍성즉활구)
金莎勝景尙今鮮 (금사승경상금선)

조실방에서 해안선사의 법문집인 해안집海眼集을 읽어보다가 '종락일성홀회수鐘落一聲忽回首 종소리에 홀연히 머리를 돌이켜 보니 산하대지방신광山河大地放新光 산하대지가 새로운 빛을 방광放光하네. 라는 구절에 느낀 바가 있었다. 그리고 그 당시, 지장암 법당 앞마당은 금잔디가 잘 퍼져 있었고, 해안선사 재세시在世時 법문하실 때 야외 청법대중聽法大衆이 앉을 수 있는 자연석 반석盤石들이 금잔디 갓 쪽으로 자리잡고 있었다. 그때 그 시절을 불현듯 회상하며 지은 시이다.

통도사 서운암에서   通度寺瑞雲庵 (통도사서운암)

푸른 하늘에 흰구름은 두둥실, 가을의 경치 빛나는데
서운암에 모인 사부대중은 모두 깨달음을 이루네.
십육만 도자기로 이루어진 대장경大藏經은
성파性坡 종정宗正스님 대원력으로 만든 역작力作이네.
부처님 지혜광명이 더욱 빛나고 국운이 더욱 융성하며
나라에서 제일 큰 사찰 통도사가 더욱 웅비하리라.
넓고 큰 도량에 두 개의 연못을 설치하고
반구대 암각화를 옻칠 한지에 재현하여 물속에 설치하였네.

靑天白雲秋色華 (청천백운추색화)
瑞雲庵會四衆覺 (서운암회사중각)
十六萬陶大藏經 (십육만도대장경)
性坡宗正願力作 (성파종정원력작)
佛日增輝國運盛 (불일증휘국운성)
國之大刹雄飛鶴 (국지대찰웅비학)
蕩蕩道場雙池設 (탕탕도량쌍지설)
水中再現畫巖刻 (수중재현화암각)

| 스승님을 | 先師追慕 |
| 추모하다 | (선사추모) |

영축산 통도사에 소나무 숲은 청청靑靑한데
새해 삭풍이 뼈에 사무치게 차갑네.
스승님을 추모하며 차 한 잔 올리는데
스승님의 부도탑은 적정寂靜하고 한가롭네.

靈鷲山寺松林靑 (영축산사송림청)
新年朔風徹骨寒 (신년삭풍철골한)
先師追慕獻一茶 (선사추모헌일다)
師傅浮屠寂靜閑 (사부부도적정한)

▷ 선사先師 : 세상을 떠난 스승.
▷ 적정寂靜 : 해탈, 열반의 뜻.
▷ 사부師傅 : 스승.
▷ 부도浮屠 : 고승高僧의 사리나 유골遺骨을 넣고 쌓은 돌탑.

천등산 봉정사 　　　　　天燈山鳳停寺
　　　　　　　　　　　　　　　　(천등산봉정사)

하늘에서 등불을 내려 환하게 밝혀준 산
봉황이 머물렀던 봉정사,
세계문화유산의 보고寶庫가 있는 곳이네.
유네스코에서 산지山地승원僧院으로 지정한 천년고찰,
영국여왕 부부가 조용한 산사 봉정사에서
봄을 맞이한 장소이네.

天燈山下鳳停寺 (천등산하봉정사)
世界遺産寶庫藏 (세계유산보고장)
山地僧院指定刹 (산지승원지정찰)
英國女王迎春場 (영국여왕영춘장)

▷ "조용한 산사 봉정사에서 한국의 봄을 맞다."
　(엘리자베스 2세 영국여왕 부부가 봉정사를 방문하고 여왕이 남긴 말.)

제 10 부

고향 소식 (1)
(본지풍광 本地風光)

지금 여기가 정토라네

卽今淨土
(즉금정토)

옛날의 동자승童子僧이 회갑을 맞이해 보니
비로소 인생이 한단邯鄲의 꿈인 줄 알았네.
빈손으로 왔다 빈손으로 가는데 무슨 욕심 있는가.
다만 자성自性을 보니 곧 지금이 정토淨土라네.

往年童僧回甲迎 (왕년동승회갑영)
始知人生邯鄲夢 (시지인생한단몽)
空手來去何有慾 (공수내거하유욕)
但看自性卽今宗 (단간자성즉금종)

▷ 왕년往年 : 지나간 해, 옛날.
▷ 한단지몽邯鄲之夢 : 한단에서 꾼 꿈이라는 뜻으로, 인생의 덧없음과 영화榮華의 헛됨을 비유.
▷ 종宗 : 마루, 으뜸, 일의 근원, 우두머리, 가묘, 종묘, 가장 뛰어난 것.
▷ 즉금卽今 : 곧 지금, 지금 당장, 그 자리에서 곧.
▷ 즉금종卽今宗 : 곧 지금이 으뜸이다.(정토로 의역함).
▷ 즉금정토卽今淨土 : 곧 지금이 정토다.

보경사에서　　　　　　　　　於寶鏡寺
　　　　　　　　　　　　　　　　（어보경사）

내연산 연못에 팔면보경八面寶鏡을 묻고
금당을 창건하여 천 년을 지내온 도량,
지금 웅혼한 기상의 범혜선사가 있으니
성태聖胎를 장양長養하며 심신心身을 단련하네.

內延山池埋寶鏡 (내연산지매보경)
創建金堂歷千年 (창건금당역천년)
今在雄氣梵慧師 (금재웅기범혜사)
長養聖胎心鍛鍊 (장양성태심단련)

▷ 내연산內延山 : 포항시 북구 송라면 중산리에 있는 산(해발 710m). 내연산에는 보경사寶鏡寺가 천년고찰로 유명하다.
▷ 범혜梵慧스님 : 범혜스님은 대흥사 선원장을 역임했으며, 현재도 제방諸方선원에서 정진하는 선사禪師이다.

오대산 북대암에서

於五臺山北臺庵
(어오대산북대암)

오대산중이 붉은 단풍으로 가득하고
우뚝 솟은 북대에 가을바람이 차갑구나.
북대의 상왕선원象王禪院은 중창으로 새롭고
나옹대사의 반석盤石에는 예경禮敬이 끝이 없네.

五臺山中滿紅葉 (오대산중만홍엽)
巍巍北臺寒秋風 (외외북대한추풍)
象王禪院新重創 (상왕선원신중창)
懶翁盤石禮無窮 (나옹반석예무궁)

▷ 나옹반석懶翁盤石 : 고려 말, 나옹대사懶翁大師가 북대암에서 수선修禪하시며 중대 적멸보궁을 향해 예경하셨던 반석이다.

금강산 화암사에서   於金剛山禾巖寺 (어금강산화암사)

금강산의 화암사禾巖寺에는
길 가 돌에 고승高僧들의 게송이 새겨 졌네.
웅장한 화암(벼 쌓아둔 모양의 바위)은 우뚝 솟았고
우연히 옛 도반道伴을 만나 동심이 활짝 열렸네.

金剛山中禾巖寺 (금강산중화암사)
路邊石刻高僧偈 (노변석각고승게)
雄壯禾巖巍聳出 (웅장화암외용출)
偶逢故友童心開 (우봉고우동심개)

비바람이 청산에 내리네

風雨下靑山
(풍우하청산)

종일토록 비바람이 청산靑山에 내리고
숲속에 새들 울음소리는 청아淸雅하네.
찾아온 친한 벗과 서로 옛 정을 나누고
차와 이야기 나누며 서로 통하는데 봄밤은 깊어가네.

終日風雨下靑山 (종일풍우하청산)
林中禽鳥鳴淸雅 (임중금조명청아)
來訪知友分故情 (내방지우분고정)
茶話相通深春夜 (다화상통심춘야)

설악산 진전사 雪嶽山陳田寺 (설악산진전사)

눈 덮인 설산雪山을 바라보니 가슴이 탁 트이고
물속에 비친 산 그림자를 보니 마음이 고요해지네.
진전사陳田寺의 눈바람(풍설風雪)은 뼛속까지 차갑고
날이 저물 무렵 석양夕陽이 조사祖師의 뜰을 붉게 하네.

一望雪山胸蕩蕩 (일망설산흉탕탕)
水中山影心寂靜 (수중산영심적정)
陳田風雪寒徹骨 (진전풍설한철골)
日暮夕陽紅祖庭 (일모석양홍조정)

▷ 조정祖庭 : 조사의 뜰.
▷ 탕탕蕩蕩 : 넓고 아득한 모양. 마음이 유연悠然하고 걸림 없는 모양.
▷ 적적寂寂 : 고요하고 평온함.
▷ 풍설風雪 : 눈바람. 눈과 함께 또는 눈 위로 불어오는 차가운 바람.

마음광명이 비치네

照心光
(조심광)

조계종이 처음 시작한 도량에 안개비 내리고
문門 없는 도량에 운수납자雲水衲子 이르렀네.
전생前生에 맺은 인연의 도우道友를 이곳에서 만나고
나그네 근심을 깨끗이 털어내니 마음 광명이 비추네.

曹溪始源霧雨下 (조계시원무우하)
無門道場雲水到 (무문도량운수도)
宿緣道友此處會 (숙연도우차처회)
拂拭客愁心光照 (불식객수심광조)

▷ 시원始源 : 시작되는 처음.
▷ 숙연宿緣 : 지난 세상에서의 인연.

마애불의 미소

磨崖佛笑
(마애불소)

새해 첫날 희양산을 마주보고 있는데
한 번 산 모양을 바라보니 가슴이 탁 트이네.
용추의 시냇물 소리는 산골짜기에 메아리치는데
마애불의 미소는 지금도 그대로 변함없네.

新年初日對曦陽 (신년초일대희양)
一望山形盪胸襟 (일망산형탕흉금)
龍湫溪聲響山谷 (용추계성향산곡)
磨崖佛笑恒長今 (마애불소항장금)

춘소春蕭에 차운次韻하다

次春蕭韻
(차춘소운)

곳곳마다 봄꽃이 만발하니 모든 사람이 구경하고
벌과 나비가 날아오니 주흥酒興이 더욱 일어나네.
지음知音에게 술을 권勸하는 때, 꽃은 떨어지고
석양의 아름다운 노을에 화창和暢한 바람 부네.

春花滿發玩諸人 (춘화만발완제인)
飛來蜂蝶加酒興 (비래봉접가주흥)
知音勸酒遂花落 (지음권주수화락)
夕陽彩霞吹和風 (석양채하취화풍)

쓸쓸한 봄   春 蕭
정상일   (춘소)

벚꽃 만개滿開한 봄날에 친구는 없으나
천색만채千色萬彩의 좋은 날에 주흥酒興마저 없으랴
공연히 왔다 갔다 하는 사이에 꽃잎들이 조각조각 떨어지고
만리萬里에 저녁 해는 비스듬히 비치는데 바람은 쓸쓸하구나.

櫻花春節無故人 (앵화춘절무고인)
千色萬彩非酒興 (천색만채비주흥)
空往空來片片落 (공왕공래편편락)
萬里斜陽蕭蕭風 (만리사양소소풍)

지난 시절을 회고하며 · 1   回顧往年
(회고왕년) · 1

젊었을 때 청운만리靑雲萬里의 꿈을 품고
천하를 두루 돌아다니던 일들 찰나에 지나갔네.
어린 나이(동진童眞)에 출가하여 대도大道를 구하며,
강원講院에서 대교과大敎科 졸업하고 화두 공부하였네.
잠시 세상으로 들어가서 신학문新學問 배우다가
홀연히 희양산 봉암사로 들어가서 60일간 용맹정진 하였네.
어느 때는 오대산 상원사와 태백산 정암사에서 참선하였고
지리산 문수골에서 낮에는 나무하고 밤에는 참선했네.

靑雲萬里少時夢 (청운만리소시몽)
周遊天下刹那間 (주유천하찰나간)
童眞出家求大道 (동진출가구대도)
大敎卒業一句看 (대교졸업일구간)
暫時入廛新學遊 (잠시입전신학유)
忽入曦陽勇猛鑽 (홀입희양용맹찬)
有時五臺太白留 (유시오대태백유)
智異山窟柴運搬 (지리산굴시운반)

지난 시절을 회고하며 · 2　　　回顧往年
　　　　　　　　　　　　　　　　　　(회고왕년) · 2

다시 희양산 봉암사에 들어가서 동안거하며
삼십 일간 용맹정진勇猛精進하였네.
자성自性의 신비로운 구슬을 단련하고 또 단련하여 갈고 닦으니
희양산 봉우리가 흰 광명으로 새롭네.
백운암과 월봉토굴을 눈 내리는 가운데 가고,
용추토굴에 도착하니 눈꽃송이가 눈이 부시게 빛나네.
스물네 살 때의 좋은 시절(호시절好時節)이여,
천진무구天眞無垢한 대장부의 몸이로다.

再入鳳巖冬安居 (재입봉암동안거)
三十日間勇猛進 (삼십일간용맹진)
鍛冶硏磨自性珠 (단야연마자성주)
曦陽山峯白光新 (희양산봉백광신)
白雲月峰雪中行 (백운월봉설중행)
到來龍湫雪花彬 (도래용추설화빈)
二十四歲好時節 (이십사세호시절)
天眞無垢丈夫身 (천진무구장부신)

지난 시절을 회고하며 · 3　　　回顧往年
　　　　　　　　　　　　　　　　　　(회고왕년) · 3

이십대 말 서울 인왕산 아래에
청량선원 개원하고 도시 포교 시작하였네.
1년 간 수행 전법 활동 활기차게 하다가
금봉산 아래 인연 터(지금의 마하금강사)를 만났네.
사찰을 옮기고 동중動中이나 정중靜中이나 참선하였으며
강원도 모처 친형의 토지소송에 휘말려 수년을 지내왔네.
민형사상 소송하다가 여름에 무고로 미결수가 되었고
새해 초 6일에 보석으로 출감하였는데, 6개월을 견디고 지냈었네.

二十歲末仁旺下 (이십세말인왕하)
淸凉禪院開創始 (청량선원개창시)
修行傳法活動中 (수행전법활동중)
金峯山下逢緣地 (금봉산하봉연지)
移運寺刹動靜禪 (이운사찰동정선)
連累訟事數年至 (연루송사수년지)
夏中拘束未決囚 (하중구속미결수)
新年出監六朔持 (신년출감육삭지)

지난 시절을 회고하며 · 4   回顧往年
(회고왕년) · 4

보석保釋으로 출감出監하여 2년 만에 재판이 끝나고
산문(山門절)으로 돌아와 세상사를 내려놓았네.
본분납자(本分衲子수행자)로 자성본불自性本佛을 보며
지난 일들을 회고해 보니 모두가 꿈속 일만 같구나.
청정한 인연불자(단월檀越)가 구름처럼 모여들고
대웅전을 건립하고 요사(주택)채를 건립하였네.
믿는 마음(신심信心)이 청정하고 성스러운 곳이며 극락이니
날마다 부처님 수행을 실천하고 항상 무아無我를 통달하네.

保釋出監畢裁判 (보석출감필재판)
歸來山門放世事 (귀래산문방세사)
本分衲子見自性 (본분납자견자성)
回顧往事如夢事 (회고왕사여몽사)
檀越因緣如雲集 (단월인연여운집)
建立佛殿成寮舍 (건립불전성요사)
信心聖地卽淨土 (신심성지즉정토)
修行佛行通無我 (수행불행통무아)

지난 시절을 회고하며 · 5   回顧往年
                            (회고왕년) · 5

어머님이 세상을 하직하여 왕생극락을 발원하였으며,
다시 초심으로 돌아가 여러 곳의 대중처소로 나갔네.
바로 희양산 봉암사로 들어가서 동안거冬安居하였고
다음 동안거 결제結制는 영축산 극락호국선원에서 하였네.
여름 하안거는 곡성 동리산 태안사에서 정진하였으니
소림사 달마대사의 마음의 칼(심검心劍)을 갈고 닦아 빛나네.
한번 드는 심검心劍의 빛에 요망한 마귀가 소멸하니
흰 빛의 광명이 이 세상(차토此土)에 밝게 빛나네.

▷ 강원 : 승가대학을 말함. 승가대학은 출가 승려의 불교전문대학이며, 4년제 과정이다.
▷ 대교과 : 화엄경 교육과정을 대교과大敎科라 함.
▷ 승가대학(강원)의 교육 과목은 다음과 같다.(1970년대 교육 과목임).
  1학년 (사미과) : 치문, 기타.
  2학년 (4집과) : 서장, 도서, 선요, 절요, 기타.

辭世慈母願往生 (사세자모원왕생)
復歸初心出諸方 (복귀초심출제방)
直去曦陽冬安居 (직거희양동안거)
次冬結制靈鷲場 (차동결제영축장)
夏中精進桐裏山 (하중정진동리산)
小林心劍研磨煌 (소림심검연마황)
一擧劍光妖魔滅 (일거검광요마멸)
白色光明此土彰 (백색광명차토창)

3학년 (4교과) : 능엄경, 기신론, 금강경5가해, 원각경, 기타.
4학년 (대교과) : 화엄경, 기타.
▷ 동진출가 : 14세 이하에 출가하는 것을 말함.

해인사 소리길   海印聲路
(해인성로)

해인사의 소리길 미묘한 소리를 따라

끝없이 홀로 걸으며 묵연默然히 수행하네.

천년 팔만대장경은 지금도 그대로 있고

우리 자성自性의 보전寶典은 우주에 으뜸이네.

신비로움으로 충만한 자연의 소리 들으며

내 마음과 몸(심신心身)은 환희로 두루 하네.

조화調和로움으로 온전穩全한 소리길이여

나는 이 길을 걸어가며 행복이 충만하네.

▷ 해인성로海印聲路 : 해인사 소리길을 의미함.
▷ 장경藏經 : 해인사 팔만대장경을 의미함. 유네스코 세계기록유산이며, 국보 제32호이다.
▷ 자성自性 : 본래 가지고 있는 진성眞性.
▷ 보전寶典 : 귀중한 책, 귀중한 경전을 의미함.

海印聲路妙音隨 (해인성로묘음수)
無盡獨步默然修 (무진독보묵연수)
千年藏經今猶在 (천년장경금유재)
自性寶典宇宙首 (자성보전우주수)
神祕充滿自然聲 (신비충만자연성)
吾人心身歡喜周 (오인심신환희주)
穩全調和聲響途 (온전조화성향도)
我行此道充幸祐 (아행차도충행우)

▷ 주周 : 두루, 골고루, 고루 미치다.
▷ 성향聲響 : 소리의 울림, 또는 울려서 나는 소리.
▷ 성향도聲響途 : 소리길의 의미로 씀.
▷ 행우幸祐 : 행복幸福과 뜻이 같음.

봄날 난야蘭若에서　　　　　　　於春日蘭若
　　　　　　　　　　　　　　　　　(어춘일난야)

봄날 난야(한적한 절)에 벚꽃이 활짝 피었는데
은빛 꽃잎이 바람에 날려 점점點點이 떨어지네.
팔공산에 도반道伴과 한 잔 차를 마시는데
창 밖 담장 기와에 파랑새가 앉았네.

春日蘭若樺花發 (춘일난야화화발)
風飛銀花點點下 (풍비은화점점하)
八公道友一盞茶 (팔공도우일잔다)
窓外墻瓦靑鳥坐 (창외장와청조좌)

▷ 난야蘭若 : 마을에서 멀리 떨어져 있는 조용한 곳의 '절'을 이르는 말.
▷ 점점點點 : 낱낱의 점, 여기저기 점 찍은 듯이 흩어져 있음.
▷ 도우道友 : 수도修道하는 벗, 도반道伴, 동지同志.

해인성지에서　　　　　　海印聖地
　　　　　　　　　　　　　　　(해인성지)

가야산 해인성지에 팔만대장경 법보法寶가 있고
홍류동천紅流洞天 천고千古의 비밀을 감추고 있네.
옛 도반과 서로 만나 기쁨과 즐거움이 가득하고
옛날 수행시절 회상回想하는데 저녁 법고法鼓가 울리네.

海印聖地有法寶 (해인성지유법보)
紅流洞天藏千古 (홍류동천장천고)
故友相逢充悅樂 (고우상봉충열락)
回憶往年響法鼓 (회억왕년향법고)

▷ 해인성지海印聖地 : 가야산 해인사.
▷ 법보法寶 : 삼보三寶의 하나. 불경佛經을 '보배'에 비유한 말.
▷ 홍류동紅流洞 : 경남 합천군 가야면 구원리에 있다. 경치가 빼어남. 현재는 '해인사 소리길'로 유명하다.
▷ 법고法鼓 : 아침, 저녁 예불할 때나 의식 때 치는 큰 북.

가야산   伽倻山
                         (가야산)

가야산에는 진달래꽃(두견화杜鵑花) 만발하고

홍류동천紅流洞天에는 벚꽃(앵화櫻花) 바람에 날리네.

해인사의 소리길 홀로 걷고 걸어가니

하늘과 땅(천지天地) 나와 함께 호흡呼吸하네.

伽倻山下杜鵑發 (가야산하두견발)

紅流洞天櫻花飛 (홍류동천앵화비)

海印聲路獨行步 (해인성로독행보)

天地與我呼吸比 (천지여아호흡비)

시인의 하루

통도사 홍매향기 천리에 퍼지고
봄날 푸른 하늘은 한없이 높네.

通度紅梅千里香 (통도홍매천리향)
春日靑天萬丈空 (춘일청천만장공)

- 정상일 시인

고색창연한 불보종찰佛寶宗刹이여!
홀로 도량을 걸으니 마음이 열려 통하네.

古色蒼然佛寶刹 (고색창연불보찰)
獨步道場開心洞 (독보도량개심통)

- 저자著者

▷ 정상일 거사가 통도사 홍매 앞에서 앞의 1구와 2구를 지어 보내와서 저자著者가 3구와 4구를 지어 보낸 시이다.
▷ 동洞 : 고을 동. 마을 동.
▷ 통洞 : 밝을 통(밝다), 통할 통(통하다).

화장세계   華藏世界
(화장세계)

따뜻한 봄, 바람은 화창한데 일없이 한가하고
산수유 꽃마다 꿀벌들 바쁘게 날아다니네.
먼 산의 이어진 봉우리들은 한 폭의 그림 같고
물 흐르고 꽃 피어나는 그대로 화장세계로다.

春暖和風無事閑 (춘난화풍무사한)
茱萸花中蜜蜂忙 (수유화중밀봉망)
遠山連峯一幅畫 (원산연봉일폭화)
水流花發卽華藏 (수류화발즉화장)

▷ 화장세계華藏世界 : 진리의 세계, 극락세계, 평화로운 세상.

고요히 비추네　　　　　　　　　　寂照
　　　　　　　　　　　　　　　　　　(적조)

희양산의 흰 바위 봉우리는 천고千古에 빛나고
용추의 계곡물은 만고萬古에 한결같이 흐르네.
봉암사에서 단련해 얻은 신령한 광명구슬은
시방삼세十方三世를 고요히 비추고 항상 있네.

曦陽白峯千古輝 (희양백봉천고휘)
龍湫溪水萬古流 (용추계수만고류)
鳳巖鍊得神光珠 (봉암연득신광주)
寂照十方三世有 (적조시방삼세유)

▷ 희양산曦陽山 : 경북 문경시 가은읍에 있는 산.(해발 998m).
▷ 용추龍湫 : 폭포가 떨어지는 아래에 웅덩이, 폭포수 같이 흐르는 봉암사 계곡을 용추계곡이라 함.
▷ 봉암사鳳巖寺 : 희양산에 있는 조계종 종립선원.
▷ 영겁永劫 : 영원한 세월.
▷ 불매不昧 : 어둡지 않음.
▷ 신광神光珠 : 신령스러운 광명구슬.
▷ 시방十方 : 시방十方이라고 읽음. 사방四方, 사우四隅, 상하上下를 통틀어 일컫는 말.
▷ 삼세三世 : 과거過去世, 현재現在世, 미래未來世를 말함. 전세前世, 현세現世, 내세來世로도 표현함.

| 옛사람이 | 來舊人 |
| 걸어오네 | (내구인) |

경봉 조사스님의 사자후獅子吼여!

벼락 치는 한 소리에 하늘과 땅이 새롭네.

부처도 아니요 마음도 아니요 물건도 아니로다.

눈 속(雪中)에 매화는 웃음 짓는데 옛사람이 걸어오네.

鏡峰祖師獅子吼 (경봉조사사자후)

霹靂一聲天地新 (벽력일성천지신)

非佛非心亦非物 (비불비심역비물)

雪中笑梅來舊人 (설중소매래구인)

오직 정진　　　　　　　　　回顧往事
　　　　　　　　　　　　　　　（회고왕사）

생과 사의 변환變換은 한 호흡 사이에 있는데
부생浮生은 욕망을 추종하며 백 년의 꿈을 꾸네.
지나간 일을 회고回顧하니 부끄러운 것만 많고,
남은 생은 오로지 정진하며 정혜定慧로 으뜸 삼으리.

生死變換一息間 (생사변환일식간)
浮生追慾百年夢 (부생추욕백년몽)
回顧往事慚愧多 (회고왕사참괴다)
餘生專精定慧宗 (여생전정정혜종)

오대산 적멸보궁   五臺山 寂滅寶宮
(오대산 적멸보궁)

비로봉毘盧峯 아래 적멸보궁寂滅寶宮에 이르니
지심至心으로 정례頂禮하며 큰 소원 끝이 없네.
석가세존의 진신사리眞身舍利 모신 곳의 비석碑石은
오랜 세월을 지나왔으나 지금도 장중莊重히 서 있네.
한 걸음 한 걸음 옮겨 성지聖地에 도착하니
구름은 흩어지고 맑게 갠 하늘, 눈과 바람도 그치네.
염불念佛하며 예배禮拜하니 마음이 찬란히 빛나고
산길의 돌계단마다 부처님 그림자가 나타나네.

▷ 보궁寶宮 : 적멸보궁寂滅寶宮의 줄임말. 부처님 사리舍利를 모시고 있는 도량道場을 적멸보궁이라 함.
▷ 청천晴天 : 맑게 갠 새파란 하늘.
▷ 산경山徑 : 산길.

毘盧峯下到寶宮 (비로봉하도보궁)
至心頂禮願無窮 (지심정례원무궁)
釋迦世尊舍利碑 (석가세존사리비)
歷千古而今莊重 (역천고이금장중)
一步移步着聖地 (일보이보착성지)
雲散晴天止雪風 (운산청천지설풍)
念佛禮拜心輝光 (염불예배심휘광)
山徑石階現佛影 (산경석계현불영)

▷ 석계石階 : 섬돌, 돌계단.
▷ 휘광輝光 : 빛나다, 광채를 발하다.
▷ 불영佛影 : 부처님 그림자.

희양산　　　　　　　　　　　曦陽山
　　　　　　　　　　　　　　　　(희양산)

희양산曦陽山 아래 상현토굴(上弦窟)에서
오랜 도반들이 한자리에 모여 담소談笑를 나누네.
간간間間이 차를 마시며 지난 시절을 회고하는데
가을 하늘에 흰 구름은 날아가고 계곡물소리 높네.

曦陽山下上弦窟 (희양산하상현굴)
故友會坐分談笑 (고우회좌분담소)
間間飮茶顧往年 (간간음다고왕년)
秋天飛雲高溪水 (추천비운고계수)

▷ 희양산曦陽山 : 희양산에는 구산선문九山禪門의 천년고찰千年古刹 봉암사가 있으며,
　그 산에 상현토굴이 있고, 인산스님(조계종 대종사)이 홀로 정진하고 있음.

| 달마산 | 於達磨山美黃寺 |
| 미황사에서 | (어달마산미황사) |

달마산 정상에 부처님의 지혜광명(범혜) 빛나고
천년고찰 미황사美黃寺에 둥근달 문(月門)이 열렸네.
사십 년 세월 만에 옛 벗(도반道伴)을 만나니
봄꽃이 활짝 피어나고 파랑새 찾아왔네.

達磨山頂梵慧輝 (달마산정범혜휘)
千年美黃月門開 (천년미황월문개)
四十星霜會故友 (사십성상회고우)
春花滿發靑鳥來 (춘화만발청조래)

▷ 달마산達摩山 : 전남 해남군 소재의 산(해발 489m).
▷ 미황사美黃寺 : 달마산에 있는 고찰.
▷ 범혜梵慧 : 미황사에서 수행하는 범혜스님을 말함.
▷ 월문月門 : 선원禪院에 선덕禪德인 월문스님을 말함.
▷ 이 시는 월문스님과 남도지역을 순례하다가 해남 미황사의 범혜스님 토굴에서 차담茶談을 나누며 지은 시이다.

두타산 천은사

寄頭陀山天恩寺夏安居入無門關
(기두타산천은사하안거입무문관)

인도의 세 분 두타선인仙人이 성지聖地로 표지한 도량,

백련을 가져와 백련대라 이름 하니 천고千古를 감추었네.

범일국사와 서산대사가 머물며 중건한 고찰古刹이며

동안거사動安居士가 제왕운기를 지어 한민족의 자존을 높이었네.

이와 같은 역사가 살아 숨 쉬는 천년 도량에 석장錫杖을 머물고

금년 하안거를 천은사 무문관에 들어가시네.

성태聖胎를 장양長養하고 몸을 단련하니

머리 위(頂上)에서 방광放光하여 월문月門을 비치네.

▷ 월문선사月門禪師가 천은사에 하안거 들어 갈 때 지은 시이다.
▷ 두타산 천은사頭陀山 天恩寺 : 강원도 삼척에 있는 고찰이다.
▷ 범일국사梵日國師 : 강릉 굴산사지에 범일국사의 승탑이 남아 있다. 신라시대 고 승이다. (810~889) 신라 구산선문 중 사굴산문 개창조다.

頭陀三仙標識處 (두타삼선표지처)
白蓮臺地藏千古 (백련대지장천고)
梵日西山重建刹 (범일서산중건찰)
帝王韻紀自尊高 (제왕운기자존고)
如是道場駐錫杖 (여시도량주석장)
今夏安居入無門 (금하안거입무문)
長養聖胎鍊身形 (장양성태연신형)
頂上放光月門照 (정상방광월문조)

▷ 서산대사西山大師 : 조선시대 고승이다. (1520~1064).
▷ 제왕운기帝王韻紀 : 고려 후기 문관 이승휴가 쓴 역사 서사시이다.

둥근달이 솟아오르네

月出
(월출)

금봉산 위에 둥근달(일륜월一輪月) 떠오르고

달빛 아래 소쩍새 끊임없이 우네.

오색 연등 깊은 밤에 빛나고

자성의 지혜 등불 영겁永劫을 밝히네.

金峯山上一輪月 (금봉산상일륜월)

月下杜魄無盡鳴 (월하두백무진명)

五色燃燈昏夜光 (오색연등혼야광)

自性慧燈永劫明 (자성혜등영겁명)

▷ 일륜월一輪月 : 이 시에서는 둥근달을 말함.
▷ 금봉산金峰山 : 음성군, 괴산군에 있는 산.
▷ 두백杜魄 : 두견이, 소쩍새, 두우(杜宇)라고도 함.
    두백杜魄은 두우杜宇의 넋이 된 새 라는 뜻.
▷ 백魄 : 넋 백, 혼 백.

본래인 本來人   本來人
                                                     (본래인)

지난 시절 동자 어느덧 회갑에 가깝고
금년에 늙은이 어린이로부터 멀리 있구나.
도를 구해 편력하다 본래 자리로 돌아오니
산은 산, 물은 물이며 본래인本來人이네.

去年童子近回甲 (거년동자근회갑)
今歲長年遠幼人 (금세장년원유인)
求道遍歷還本處 (구도편력환본처)
山山水水本來人 (산산수수본래인)

▷ 편력遍歷 : 널리 이곳 저곳을 돌아다님. 여러 경험을 함.
▷ 본래인本來人 : 본래의 천진天眞한 심성心性 그대로의 사람.

빈자일등貧者一燈·1

貧者一燈
(빈자일등)·1

오늘은 맑은 바람에 꽃비 내리고 파랑새 노래하네.
부처님 오신 경사스러운 날, 세상도 기뻐하네.
나의 간절한 소원은 전염병이 속히 소멸되는 것이네.
가난한 사람의 등燈 하나가 법계法界를 환하게 밝히네.

淸風花雨鳴靑鳥 (청풍화우명청조)
佛誕慶日悅世界 (불탄경일열세계)
切願速滅傳染病 (절원속멸전염병)
貧者一燈明法界 (빈자일등명법계)

▷ 법계法界 : 불교에서 우주宇宙를 법계라고 표현함.

빈자일등貧者一燈·2

貧者一燈
(빈자일등)·2

밝은 달빛이 홀로 드러나 밤하늘을 밝히고

벚꽃이 바람에 흩날려 땅(대지大地)에 떨어지네.

산사山寺는 쓸쓸하고 고요한데 소쩍새가 울어대고

가난한 이가 밝힌 등불(燈) 하나는 영원한 행복이 되네.

月光獨露夜天明 (월광독로야천명)

櫻花風飛大地落 (앵화풍비대지락)

山寺蕭寂杜宇啼 (산사소적두우제)

貧者一燈萬古樂 (빈자일등만고락)

몸을 한 번 바꾸다 · 1 　　　　身一轉
　　　　　　　　　　　　　　　　　　(신일전) · 1

소림사의 달마대사 법손法孫, 지혜의 칼을 찾는 나그네가
헛된 명성名聲의 바랑鉢囊을 옛집에 걸어 두었네.
한바탕 뼈에 사무치고 몸을 한 번 바꾸고 보니
이르는 곳마다 깨달음의 길이요,
일체가 화장세계華藏世界이네.

▷ 심검당尋劍堂 : 스님들이 좌선坐禪하는 선원禪院을 의미함.
▷ 심검尋劍 : 지혜智慧의 칼을 찾는다는 뜻.
▷ 발낭鉢囊 : 바랑의 원말. 물건을 담아서 질 수 있도록 만든 주머니.

小林法孫尋劍客 (소림법손심검객)
虛名鉢囊揭古堂 (허명발랑게고당)
一場徹骨身一轉 (일장철골신일전)
到處菩提悉華藏 (도처보리실화장)

▷ 화장세계華藏世界: 연화장세계蓮華藏世界라고도 함. 불교에서 그리는 세계의 모습. 연꽃에서 태어난 세계, 또는 연꽃 속에 담겨 있는 세계라는 뜻으로, 그 모습은 교파와 종파에 따라 다르다. 여기서는 부처님의 세계, 깨달음의 세계를 표현함.

몸을 한 번 바꾸다 · 2

身一轉
(신일전) · 2

소림사의 달마대사 법손法孫, 지혜의 칼을 찾는 나그네가
헛된 명성名聲의 바랑鉢囊을 옛집에 걸어 두었네.
한바탕 뼈에 사무치고 몸을 한 번 바꾸고 보니
신령스런 광명 영원히 비춰 만겁萬劫에 밝네.

小林法孫尋劍客 (소림법손심검객)
虛名鉢囊揭古堂 (허명발랑게고당)
一場徹骨身一轉 (일장철골신일전)
靈光長照萬劫彰 (영광장조만겁창)

통도사 백련암, 환성지안조사의 시, '춘일우음'에 삼가 차운하다

通度寺白蓮庵謹次喚醒志安祖師韻
(통도사백련암근차환성지안조사운)

옛 창가에서 가을 하늘 갈대꽃 바라본다.
누더기옷의 일생, 마음 비우니 가볍구나.
조사祖師가 남긴 게송偈頌이 청풍淸風에 날아오고
옛과 지금이 서로 통해 고향소식을 이렇게 전하네.

秋天蘆花望古欞 (추천노화망고령)
衲衣一生虛心輕 (납의일생허심경)
祖師遺偈淸風到 (조사유게청풍도)
古今相通傳鄕聲 (고금상통전향성)

▷ 령欞 : 격자창 령. 추녀 령. 난간欄杆 령.
▷ 납의衲衣 : 스님이 입는 옷. 여기서는 누더기 옷을 의미함.
▷ 향성鄕聲 : 고향의 소리. 여기서는 고향 소식을 의미함.
▷ 게송偈頌 : 외우기 쉽도록 시詩처럼 지은 글.

봄날 우연히 읊다   春日偶吟
喚醒志安禪師 (환성 지안선사, 1664~1729)   (춘일우음)

누더기에 돗자리 깔고 창 앞에 누웠으니
덧없는 세상 헛된 명성名聲, 한 가닥처럼 가벼워라
산山 살구꽃 뜰에 가득한데 찾는 사람 없고
숲 너머 우는 새 봄소식을 보내오네.

雲衣草簟臥前欞 (운의초점와전령)
浮世虛名一髮輕 (부세허명일발경)
山杏滿庭人不到 (산행만정인부도)
隔林啼鳥送春聲 (격림제조송춘성)

▷ 운의雲衣 : 누더기옷.
▷ 점簟 : 대자리 점.
▷ 초점草簟 : 돗자리.

효암스님,
청강스님 두 종사宗師를 위하여

爲曉庵晴崗二宗師
(위효암청강이종사)

효암종사宗師와 청강종사宗師가
마하금강사의 큰 재齋에 법주가 되었네.
지심으로 염불하니 모두 해탈解脫을 얻고
동참대중은 모두 법우法雨에 흠뻑 젖었네.

曉庵晴崗二宗師 (효암청강이종사)
金剛大齋爲法主 (금강대재위법주)
至心念佛悉解脫 (지심염불실해탈)
同參大衆霑法雨 (동참대중점법우)

▷ 효암曉庵스님 : 통도사에서 출가 득도한 스님. 효암曉庵은 지학志學스님의 법호法號이다. 통도사 시탑전侍塔殿에 거주하며 수행하고 있는 종사宗師이다.
▷ 청강晴崗스님 : 통도사에서 출가 득도한 스님. 청강晴崗은 영한英埠스님의 당호堂號이다. 통도사 시탑전侍塔殿에 거주하며 수행하고 있는 종사宗師이다.

제 11 부

고향 소식 (2)
(본지풍광 本地風光)

범일국사 승탑(사리탑)　　　　梵日國師僧塔
　　　　　　　　　　　　　　　　(범일국사승탑)

사굴산 아래 석당간지주石幢竿支柱여!
구산선문의 웅장한 위용이로다.
범일국사는 어디에 계시는가.
들밭 언덕에 국사의 승탑僧塔이 우뚝 솟아 있네.

闍崛山下石幢竿 (사굴산하석당간)
九山禪門雄偉容 (구산선문웅위용)
梵日國師在何處 (범일국사재하처)
野田丘陵僧塔聳 (야전구릉승탑용)

▷ 구선선문九山禪門 : 신라 말기부터 고려 초기까지 중국 선종禪宗 달마대사의 선법禪法을 이어받아 그 선풍禪風을 지켜온 아홉 산문山門을 지칭하는 말이다.
▷ 범일국사승탑梵日國師僧塔 : 보물 제 85호 굴산사지 승탑, 강릉 학산리 굴산사 터에 남아있다.

홀로 머물며   獨居
                                                         (독거)

숲속은 새 울음소리로 그윽하고
돌계단마다 꽃 잔디가 뒤덮였네.
텅 빈 사립문에 바람이 왕래하는데
홀로 지내는 사람은 아무 일이 없네.

林間幽啼鳥 (임간유제조)
石階蓋菜花 (석계개채화)
空扉風往來 (공비풍왕래)
獨居人無事 (독거인무사)

하안거 결제일에 (2021년)   辛丑年 夏安居 結制日 (신축년 하안거 결제일)

붓다佛陀와 조사祖師의 법문은 오직 자성을 관觀하라.

육근, 육진에 떨어지지 말고 바르게 관觀하라.

동정動靜과 오매寤寐에 성성적적惺惺寂寂히 관觀하라.

생사生死 없음을 자유자재로 통철하게 관觀하라.

▷ 하안거夏安居 : 스님들이 여름 장마 때 90일 동안 한곳에 모여 수도하는 일.
▷ 결제일結制日 : 안거安居를 시작하는 날.
▷ 육근六根 : 안眼, 이耳, 비鼻, 설舌, 신身, 의意. 육식六識을 낳는 여섯 가지 근원을 말한다. 눈, 귀, 코, 혀, 몸, 뜻을 육근이라 한다.
▷ 육진六塵 : 색色, 성聲, 향香, 미味, 촉觸, 법法. 인간의 심성心性을 오염시키는 육식六識의 대상계對象界. 몸, 소리, 향기, 맛, 촉감, 법을 말한다. 이 육진에 오염되지 않는 일을 육근 청정六根 淸淨이라 함.

佛祖法門自性觀 (불조법문자성관)
不落根塵正念觀 (불락근진정념관)
動靜寤寐惺寂觀 (동정오매성적관)
用無生死洞徹觀 (용무생사통철관)

▷ 성성적적惺惺寂寂 : 성성惺惺은 마음 챙김과 집중, 통찰이 온전히 깨어있는 상태임. 적적寂寂은 마음 챙김과 집중, 통찰이 온전히 고요한 상태임.
▷ 용무생사用無生死 : 나는 태어나지도 않았고, 죽은 적도 없다.
나는 이 몸에 얽매이지 않는다. 나는 경계가 없는 생명이다. 삶과 죽음이 본래 없는 것을 깨달아 영원생명으로 자유롭게 사는 사람을 '용무생사인用無生死人'이라고 표현한다.

학륵나 존자(尊者)의 게송을 보고 지은 시

見鶴勒那尊者 偈頌
(견학륵나 존자 게송)

자성을 통철(通徹)하게 보고 나니
가히 얻을 것이 본래 없었네.
심성(心性)은 있는 것도 아니고 없는 것도 아닌데
어찌 불가사의(不可思議)를 논론(論)하랴.
이와 같이 토(吐)해 내는 언설(言說)도
그저 술지게미(술 찌꺼기)일 뿐이네.
지음인(知音人)의 눈빛이 마주칠 때 바로 통하고
서로 통하는 한 빛은 영원히(만고萬古) 빛나네.

徹見自性時 (철견자성시)
本無可得爾 (본무가득이)
心性不有無 (심성불유무)
何論不思議 (하논부사의)
如此吐言說 (여차토언설)
但只糟粕已 (단지조박이)
知音通目擊 (지음통목격)
一光萬古輝 (일광만고휘)

제23조 학륵나 존자 게송 　鶴勒那 尊者 偈頌
鶴勒那 尊者 偈頌　　　　　(학륵나 존자 게송)

참된 마음(심성心性)을 알아 얻었을 때
가히 불가사의不可思議한 것을 말할 수 있네
깨닫고 깨달아도 가히 얻을 것은 없으며
얻었을 때도 알았다고 말할 것이 없네.

認得心性時 (인득심성시)
可說不思議 (가설부사의)
了了無可得 (요요무가득)
得時不說知 (득시불설지)

▷ 학륵나 존자鶴勒那 尊者 : 부처님 심법心法을 이은 23대 조사祖師.
▷ 게송偈頌 : 시詩의 형식으로 지은 글. 외우기 쉽도록 네 글자나 다섯 글자, 또는 일곱 글자를 한 구句로 하여 한시漢詩처럼 지은 글을 말한다.

들구름 비상

野雲飛上
(야운비상)

동해의 푸른 파도는 높이 솟아오르고

송정해변에 들구름(낮은 구름)은 비상飛上하네.

부처와 조사祖師를 참구參究해 마치고는

세상 속으로 들어가 중생을 교화하네.

東海滄波高 (동해창파고)

松亭野雲飛 (송정야운비)

佛祖參究畢 (불조참구필)

入廛垂手已 (입전수수이)

▷ 야운野雲 : 들구름.

▷ 야운野雲 스님 : 일생 참선수행 하는 선사禪師이다. 강릉 송정해변을 야운 선사와 함께 걸으면서 지은 시이다.

▷ 입전수수入廛垂手 : 십우도十牛圖의 마지막 열 번째의 경지를 나타내는 말이다. 거리로, 시장으로, 세상으로 나아가 중생을 위하는 삶을 사는 경지이다.

미인과 해골 사진을 보고

見美人與骸骨寫眞
(견미인여해골사진)

미인이 본래 해골임을 투시하고
모든 형상이 원래 자성이 텅 비었음을 관조하네.
차가운 눈이 바람에 날려 점점點點이 녹고
봄 매화는 붉음을 토하며 꽃 피우고 있네.

透視美人本骸骨 (투시미인본해골)
觀照諸相元空性 (관조제상원공성)
寒雪風飛點點消 (한설풍비점점소)
春梅吐紅花發成 (춘매토홍화발성)

▷ 백골관白骨觀 : 탐욕을 없애기 위해, 살이 썩고 뼈만 남은 시체의 모습을 마음속에 그려 내는 수행법.

비춰 봄(조견照見) 照見 (조견)

손을 들고 발을 들어 놓을 때 끊임없이 비춰보고
가고 머물고 앉고 누울 때 빈틈없이 비춰보네.
말하고 침묵하고 움직이고 고요할 때 이와 같이 비춰보고
자나 깨나 성성惺惺하고 적적寂寂하게 비춰보네.

擧手投足綿綿照 (거수투족면면조)
行住坐臥密密見 (행주좌와밀밀견)
語黙動靜如是照 (어묵동정여시조)
寤寐惺惺寂寂見 (오매성성적적견)

▷ 비춰보는 자는 다시 이 어떤 물건인가?
　照見者復是何物 (조견자부시하물)?
▷ 다시 이 어떤 물건인가? 라고 거각擧覺하고 비춰보는 자가 바로 그 물건이네.
　擧復是何物照見者卽是其物也 (거부시하물조견자즉시기물야)

삼매三昧의 궁극窮極 　　　三昧窮極 (삼매궁극)

염불삼매念佛三昧의 궁극窮極은 불신佛身을 이룬다.

관법삼매觀法三昧의 궁극窮極은 불신佛身을 증득證得한다.

화두삼매話頭三昧의 궁극窮極은 불신佛身을 이룬다.

간경삼매看經三昧의 궁극窮極은 불신佛身을 증득證得한다.

念佛三昧成佛身 (염불삼매성불신)

觀法三昧證佛身 (관법삼매증불신)

話頭三昧成佛身 (화두삼매성불신)

看經三昧證佛身 (간경삼매증불신)

▷ 삼매三昧 : 일심불난一心不亂, 무념무상無念無想의 상태.
　불교佛敎에서 마음 한 가지 일에 집중集中시키는 몰아沒我의 경지.

삼소三笑를 전하네   傳三笑
                                                                     (전삼소)

종일토록 정원에 나무들 가지치기 작업을 하였네.
어느새 해는 떨어지고 달 밝은 하늘이구나.
숲속에서 끊임없이 풀벌레 소리가 들려오고
먼 곳에서 지인知人이 찾아오니 기쁜 마음으로 빛나네.
우리들은 자리를 함께하여 환영의 연회宴會를 열고
지난 시절을 돌이켜 생각하며 이야기와 웃음꽃을 펼쳤네.
술 한 잔 마시고 또 한 잔 마시며 노래 한 곡 부르고
다시 노래 부르며 붉은 얼굴로 삼소三笑를 전傳하네.

▷ 주안朱顔 : 미인美人의 얼굴 빛. 소년시절時節. 술 취한 얼굴.
▷ 호계삼소虎溪三笑 : '호계虎溪라는 시냇가에서 세 사람이 웃는다.'는 뜻으로, 동양화東洋畫 화제畫題의 하나이다.
   진대晉代의 승려 혜원慧遠이 여산廬山 동림사東林寺에서 수도修道하면서 호계虎溪를

終日庭園剪枝作 (종일정원전지작)
於焉日落月明天 (어언일락월명천)
不絕林間草蟲聲 (부절임간초충성)
遠來知人歡心鮮 (원래지인환심선)
汝我同坐宴會開 (여아동좌연회개)
回憶往事談笑展 (회억왕사담소전)
一杯又杯一歌吟 (일배우배일가음)
再唱朱顔三笑傳 (재창주안삼소전)

건너 밖으로 나가지 않고 안거安居하겠다고 맹세盟誓했으나, 서로 마음이 통通하던 도연명陶淵明과 육수정陸修靜을 전송餞送할 때 무심코 건너게 되었는데, 호랑이 울부짖는 소리에 맹세盟誓를 어긴 것을 깨닫고 세 사람이 크게 웃었다는 고사古事에서 온 말.

새벽달의 미소　　　　　　　　曉月笑
　　　　　　　　　　　　　　　　　　(효월소)

바다 위(해상海上)에 갈매기는 날아오르고
고기잡이 등불은 낱낱(점점點點)이 밝게 빛나네.
오래 사귄 벗과 술을 마주하고 노래하는데
어느 새 새벽달이 환하게 웃고 있네.

海上白鷗飛 (해상백구비)
漁火點點昭 (어화점점소)
故友對酒歌 (고우대주가)
於焉曉月笑 (어언효월소)

새벽하늘 曉天
(효천)

새벽하늘에는 눈썹달이 미소 짓고
무수한 별들이 반짝이네.
여명黎明은 점점 다가오는데
도량道場을 한 걸음 한 걸음 걷네.

曉天眉月笑 (효천미월소)
無數明星現 (무수명성현)
黎明漸漸來 (여명점점래)
步步道場前 (보보도량전)

스스로 쉬고 쉬다   自休歇
(자휴헐)

회색 하늘에서 비가 내려 산과 들이 흠뻑 젖고
처마 아래 떨어지는 물소리는 끊이지 않구나.
철새들은 흔적 없으니 어디로 돌아갔는가.
한 나그네가 갈대 집에서 스스로 쉬고 쉬네.

灰天下雨霑山野 (회천하우점산야)
檐下落水聲不絕 (첨하낙수성부절)
候鳥無痕歸何處 (후조무흔귀하처)
一客籧廬自休歇 (일객거려자휴헐)

▷ 거려籧廬 : 대자리나 갈대, 억새로 둘러 쳐서 지은 집(농막집).

은하수 빛나네   銀漢炯炯
                                                   (은한형형)

무궁무진無窮無盡한 은하수가 반짝반짝 빛나는 밤
끊임없는 소쩍새의 울음소리는 구슬프고 구슬프네.
외로운 나그네는 창문窓門에 기대어 깊은 생각에 빠지다가
잠시 꿈속에 들어가서 깨달음의 세계(각해覺海)를 만나네.

無盡銀漢夜炯炯 (무진은한야형형)
不絶杜魄鳴哀哀 (부절두백명애애)
孤客倚窓沈千尋 (고객기창침천심)
暫入夢中遇覺海 (잠입몽중우각해)

▷ 천심千尋 : 매우 높거나 깊음의 형용形容.

팔공산 천성암·1　　　八公山天成庵
　　　　　　　　　　　　　　(팔공산천성암)·1

반공중半空中의 기이한 바위에 고찰이 있는데
빈 골짜기에 한 소리가 티끌 같이 많은 세계에 울려 퍼지네.
끝없는 안개구름은 하늘과 땅을 덮어 버리고
바람 소리, 새 소리는 격외格外의 통달 소식이네.
금일 도우道友와 이와 같이 만나니
한 잔 또 한 잔마다 산 그림자를 머금었구나.
덧없는 인생 한번 가면 다시 올 수 없나니
봄, 가을을 기다리지 마라 지금이 좋은 날이네.

半空奇巖有古刹 (반공기암유고찰)
空谷一聲響塵刹 (공곡일성향진찰)
無盡煙雲蓋天地 (무진연운개천지)
風聲鳥歌格外達 (풍성조가격외달)
今日道友逢如此 (금일도우봉여차)
一杯一盞含山影 (일배일잔함산영)
浮生一去復不來 (부생일거부불래)
莫待春秋今好日 (막대춘추금호일)

▷ 천성암天成庵 : 영천시 소재, 팔공산에 있는 고찰.
▷ 화엄華嚴 : 화엄경華嚴經.
▷ 격외格外 : 말이나 글로써 나타낼 수 있는 이치를 초월함.
▷ 월문선사月門禪師와 함께 천성암에서 우화羽化대사大師를 만나고 공양하고 차담茶談을 나누다가 우연히 그 자리에서 지은 시詩이다.

팔공산 천성암 · 2   八公山天成庵
                        (팔공산천성암) · 2

팔공산중에 천성암(하늘이 이루어 놓은 절)이여,
의상대사가 처음 개창開創하여 천 년의 세월이 지나갔네.
이끼 덮인 오래된 바위 석벽은 그대로 화엄경판 같고
빈 골짜기에 법음法音은 구족具足하여 만 년을 통通해 뻗치네.

八公山中天成庵 (팔공산중천성암)
義湘開創歷千年 (의상개창역천년)
古巖石壁如華嚴 (고암석벽여화엄)
空谷足音亘萬年 (공곡족음긍만년)

▷ 천성암天成庵 : 영천시 소재, 팔공산에 있는 고찰. 신라 때 의상대사의 창건으로 전傳해지고 있음.
▷ 화엄華嚴 : 화엄경華嚴經.

좋은 시절   好時節
                                                      (호시절)

진전사 소나무 숲에는 황금빛 솔잎이 쌓여있고
조사祖師의 고탑古塔에는 잔설殘雪이 있네.
뼈에 사무치는 눈보라는 지난밤의 일이고
이제는 따뜻한 봄날 좋은 시절이네.

陳田松林積黃葉 (진전송림적황엽)
祖師古塔有殘雪 (조사고탑유잔설)
徹骨雪風昨夜事 (철골설풍작야사)
今暖春日好時節 (금난춘일호시절)

▷ 진전陳田 : 진전사陳田寺. 조계종 시원始源사찰이다.
▷ 황엽黃葉 : 황금색 솔잎을 의미함.
▷ 조사祖師 : 한 종파를 세워 그 종지宗旨를 펼친 스님을 부르는 말.
▷ 철골徹骨 : 뼈에 사무침.
▷ 설풍雪風 : 눈바람, 눈보라, 눈과 바람.
▷ 작야昨夜 : 어젯밤.

다시 이 어떤 물건인가?

復是何物
(부시하물)

여기에 한 물건이 있는데
일찍이 늘어나지도 아니하고
일찍이 줄어들지도 아니하다.
기이하고 기이하도다.
이 한 물건이란 이름이여!
이 한 물건이란 이름도
거짓으로 세운 이름이네.
한 물건이란 이름을 세우지 아니할 때는
다시 이 어떤 물건인가?

有一物於此　　　　　　(유일물어차)
不曾增也　不曾減也　　(부증증야 부증감야)
奇哉奇哉 是一物之名兮 (기재기재 시일물지명혜)
此一物之名 假立之名也 (차일물지명 가립지명야)
不立一物名 復是何物　 (불립일물명 부시하물)?

신축년 삼동결제일에

辛丑三冬結制日
(신축삼동결제일)

조계曹溪의 시원지始源地 진전사에 달빛이 비치고
시원始源의 선림禪林에 서늘한 바람이 일어나네.
삼동결제三冬結制에 신령神靈스러운 광명이 드러나
바로 조사관祖師關을 투득透得하고 선풍禪風을 선양宣揚하네.

曹溪陳田映月光 (조계진전영월광)
始源禪林起凉風 (시원선림기양풍)
三冬結制出靈光 (삼동결제출영광)
直下透關揚禪風 (직하투관양선풍)

▷ 선림禪林 : 선종禪宗의 사원寺院을 의미함.
  선종禪宗의 사원寺院에 있는 숲을 의미함.
▷ 투득透得 : 환하게 깨달음.

증도가證道歌를 보다가   見證道歌
                                                                     (견증도가)

대천세계大千世界는 바다 가운데의 물거품이고
모든 성현聖賢들은 번갯불이 번쩍하고 사라지는 것과 같다.
영가현각대사永嘉玄覺大師의 증도가 벼락 치는 소리에
몸이 시방세계十方世界에 두루 하여 모든 것에서 벗어나네.

大千沙界海中漚 (대천사계해중구)
一切聖賢如電拂 (일체현성여전불)
永嘉證道霹靂聲 (영가증도벽력성)
身遍十方一切出 (신편시방일체출)

▷ 영가현각대사증도가永嘉玄覺大師證道歌 : 당조唐朝의 영가현각 대사(647~713)가 선종禪宗의 제6조 혜능조사(慧能祖師, 638~713)를 만나 깨달은 진리를 칠언시七言詩로 지은 시가詩歌로, 참선 수행자의 보편적인 수행 지침서이다.
▷ 遍(편) : 두루 편, (두루 변) : 모든, 전면적인(全面的-).
▷ 遍滿(편만) : 널리 참, 꽉 참.
▷ 三千大天世界삼천대천세계 : 불교佛敎 천문학天文學에서 수미산須彌山을 중심中心으로 하여 해, 달, 사대주四大洲, 육욕천六欲天, 범천梵天 등等을 합合하여 한 세계世界라 일컫고, 이것을 천 배 한 것을 소천小千 세계世界, 소천세계世界를 천 배한 것을 중천세계中千世界, 중천세계中千世界를 천 배한 것을 대천세계大千世界라 일컬음.
이 광대廣大 무변無邊의 세계世界를 불교화佛敎化한 한 범위範圍로 일컬음.
넓은 세계世界, 세상世上, 일대 삼천 대천세계大千世界, 삼천계, 삼계三界.

봉암사에서　　　　　　　　於鳳巖寺
　　　　　　　　　　　　　　　　(어봉암사)

희양산의 흰 봉우리는 천고千古에 빛나고
용추의 계곡물은 만고萬古에 한결같이 흐르네.
봉암사에서 단련해 얻은 이 신령한 광명은
영겁永劫토록 어둡지 않고 삼세를 밝히네.

曦陽白峯輝千古 (희양백봉휘천고)
龍湫溪水流萬古 (용추계수류만고)
鳳巖鍊得此神光 (봉암연득차신광)
永劫不昧三世杲 (영겁불매삼세고)

꿈에서 깸　　　　　　　　　　　　覺寤
　　　　　　　　　　　　　　　　　(각오)

종일토록 산사山寺에는 사람의 발자취 없고
늦가을 낙엽落葉은 산길을 덮었네.
토방土房에서 베개를 베고 한바탕 꿈꾸다가
꿈 깨어 보니 서천西天에 붉은 해가 빛나네.

終日山寺無人跡 (종일산사무인적)
晩秋落葉蓋山徑 (만추낙엽개산경)
土房枕上夢一場 (토방침상몽일장)
覺寤西天紅日炯 (각오서천홍일형)

야부 선사의 게송偈頌을 보고

見冶父禪師偈頌
(견야부선사게송)

젊어서부터 지금까지 타관他關땅을 다녔으니
몇 번이나 설산雪山을 돌고 천 길의 험한 산을 넘었던가.
하루아침에 고향집으로 돌아오니
청풍과 갈대꽃이 옛사람을 환영歡迎하네.

自少至今行他關 (자소지금행타관)
幾廻雪山越千仞 (기회설산월천인)
一朝歸來家鄉路 (일조귀래가향로)
淸風蘆花迎舊人 (청풍노화영구인)

▷ 금강경 오가해 이상적멸분 제14(金剛經 五家解 離相寂滅分 第十四)에 수록된 야부 선사의 게송偈頌을 읽다가 지은 시이다.

한 물건

一物
(일물)

나에게 있는 한 물건은 항상 홀로 나타나니
움직이고 고요함에 관계없이 항상 빛나네.
영겁永劫에 어둡지 않은 신령神靈한 광명이여!
무수한 세계, 우주법계에 둥근 광명이 두루 비치네.

我有一物常獨露 (아유일물상독로)
不關動靜恒輝光 (불관동정항휘광)
永劫不昧眞神光 (영겁불매진신광)
塵刹法界周圓光 (진찰법계주원광)

▷ 오대산 적멸보궁 참배 가는 도중에 지음.

날마다 환희롭게

銘心
(명심)

해와 달은 푸른 하늘과 함께하고
푸른 바다는 대지大地와 함께 하네.
인생은 다시 올 수 없나니
날마다 환희歡喜롭게 살아라.

日月與碧天 (일월여벽천)
滄海同大地 (창해동대지)
人生復不來 (인생부불래)
日日活歡喜 (일일활환희)

영축산의 가을 靈鷲山秋日
(영축산추일)

영축산은 높고 깊어 계곡 물소리 요란하고
삼소굴의 뜰에는 붉은 단풍잎 떨어지네.
무지개다리 아래 연못에는 푸른 하늘이 비치고
오가는 사람들의 물결이 가을빛으로 화려하네.

靈鷲千尋溪聲高 (영축천심계성고)
三笑窟庭紅葉下 (삼소굴정홍엽하)
虹橋蓮塘碧天映 (홍교연당벽천영)
往來人波秋色華 (왕래인파추색화)

귀향歸鄕·1

歸鄕
(귀향)·1

천하를 답파踏破한 나그네가
금일 고향에 돌아왔네.
가을 국화가 만면滿面에 미소로 맞이하니
내 얼굴에도 미소가 가득 피어나네.

天下踏破客 (천하답파객)
今日故鄕來 (금일고향래)
秋菊滿笑迎 (추국만소영)
我面微笑開 (아면미소개)

▷ 답파踏破 : 험한 길이나 먼 길을 끝까지 걸어 나감. 너른 지역地域을 종횡縱橫으로 두루 걸어서 돌아다님.

귀향歸鄕・2

歸鄕
(귀향)・2

천하를 답파踏破한 나그네가
금일 고향에 돌아왔네.
만사萬事를 모두 내려놓고
침상枕上에서 낮잠을 즐기네.

天下踏破客 (천하답파객)
今日故鄕來 (금일고향래)
萬事都放下 (만사도방하)
枕上午睡愛 (침상오수애)

▷ 답파踏破 : 험한 길이나 먼 길을 끝까지 걸어 나감. 너른 지역地域을 종횡縱橫으로 두루 걸어서 돌아다님.

옛날과 지금이 관통하네

古今如一貫
(고금여일관)

가을밤에 명월明月이 빛나니

캄캄한 하늘, 텅 빈 산이 환하네.

마음의 본바탕에 신령한 광명이 출현出現하니

옛날이나 지금이나, 한결같이 관통貫通하네.

秋夜明月輝 (추야명월휘)

黑天空山皖 (흑천공산환)

心地神光出 (심지신광출)

古今如一貫 (고금여일관)

깨달음은 한 순간이네

頓悟一瞬
(돈오일순)

지난 시절 동자가 어느덧 회갑에 가깝고
금년에 늙은이는 청춘과는 멀어지네.
도를 구해 편력하다가 본래 자리로 돌아오고
자성을 대오大悟하는 것은 한 순간이네.

去年童子近回甲 (거년동자근회갑)
今歲長年遠靑春 (금세장년원청춘)
求道遍歷還本處 (구도편력환본처)
大悟自性頓一瞬 (대오자성돈일순)

진리의 등불

唯傳法燈
(유전법등)

지난 시절 동자가 회갑에 가깝고
금년은 민첩하지 못하고 눈빛이 침침하네.
물러나지 않는 초심으로 활연히 깨달아
오직 진리의 등불을 전하여 중생을 편안하게 하리라.

去年童子近回甲 (거년동자근회갑)
今年不敏眼光昏 (금년불민안광혼)
不退初心豁然悟 (불퇴초심활연오)
唯傳法燈衆生穩 (유전법등중생온)

한 물건이 홀로 드러나다

獨露一物
(독로일물)

영축산 산길을 돌고 돌아가는데
빽빽한 소나무 숲 하늘이 보이지 않네.
깊은 산골짜기 물소리 장쾌하게 울리는데
한 물건이 홀로 드러나 은산철벽銀山鐵壁이 뚫리네.

靈鷲山徑曲曲行 (영축산경곡곡행)
鬱鬱松林不見天 (울울송림불견천)
幽谷溪聲壯快響 (유곡계성장쾌향)
獨露一物鐵壁穿 (독로일물철벽천)

한 소식 　　　　　　　　　　一消息
　　　　　　　　　　　　　　　　　　（일소식）

구름 사라진 금봉산에 보름달 떠오르니
산하와 석벽이 새로운 빛으로 눈부시구나.
백천삼매百千三昧를 뚫고 나오니
티끌도 국토도 모두 적광寂光세계로 돌아가네.

雲收金峯一輪月 (운수금봉일륜월)
山河石壁放新光 (산하석벽방신광)
透出百千三昧裏 (투출백천삼매리)
微塵刹土歸寂光 (미진찰토귀적광)

▷ 적광寂光 : 번뇌煩惱를 끊고 고요히 빛나는 마음.

자기 성품을 스스로 깨달아

自性自悟
(자성자오)

비구름 덮히니 하늘과 땅이 어둡구나.
비에 젖은 청산에 물소리가 크네.
날마다 움직이나, 고요하나 닦음 없이 닦는다.
자기 성품을 스스로 깨달아 마음광명이 빛나네.

雲雨蓋覆天地暗 (운우개복천지암)
靑山霑濕水聲高 (청산점습수성고)
日日動靜無修修 (일일동정무수수)
自性自悟心光照 (자성자오심광조)

| 새벽하늘에 | 見曉天星宿 |
| 별을 보며 | (견효천성수) |

새벽하늘에 모든 성좌의 별들이 끝없이 밝고

조계의 참다운 땅에 천고千古를 감추었네.

달은 조계선문曹溪禪門에 비추고 맑은 바람이 드날리는데

도의국사의 선탑禪塔은 만고萬古에 빛나네.

曉天星宿無盡明 (효천성수무진명)

曹溪眞田藏千古 (조계진전장천고)

月照禪門揚淸風 (월조선문양청풍)

道義禪塔輝萬古 (도의선탑휘만고)

▷ 설악산 진전사는 신라 구산선문九山禪門의 효시曉矢가 되었던 가지산파迦智山派의 초조初祖 도의국사道義國師가 창건한 사찰이다. 진전사는 조계종의 시원始源이며, 도의국사는 조계종의 종조宗祖이시다.

조계종의 종찰宗刹　　　　　　　　曹溪宗刹
　　　　　　　　　　　　　　　　　　（조계종찰）

조계의 종찰宗刹에 나그네가 이르니
산사에 안개비가 물러나네.
고탑古塔은 창연蒼然이 서 있는데
조사의 뜰에 초가을이 깊어가네.

曹溪到一客 (조계도일객)
山寺退霧雨 (산사퇴무우)
古塔立蒼然 (고탑입창연)
祖庭深初秋 (조정심초추)

▷ 진전사 : 강원도 양양군 설악산 진전사. 조계종 종조宗祖 도의국사의 선탑禪塔이 있음.

왕유王維의 잡시雜詩에 차운次韻하다

雜時
(잡시)

달에게 어디서 왔냐고 물으니
다만 하얀 얼굴만 보여줄 뿐이네.
갈대집 앞에는 매미 울음소리 가득하고
연꽃봉우리는 아직 꽃피기 전이네.

問月何處來 (문월하처래)
但示素面事 (단시소면사)
蟬吟簟廬前 (선음거려전)
蓮菡花發未 (연담화발미)

잡시雜詩
王維 (왕유)

雜詩
(잡시)

그대 고향에서 왔으니
응당 고향 소식을 알겠죠.
오는 날 비단 창문 앞에
겨울 매화엔 꽃이 피었는지요.

君自故鄕來 (군자고향래)
應知故鄕事 (응지고향사)
來日綺窗前 (래일기창전)
寒梅著花未 (한매착화미)

▷ 王維(왕유) : 중국中國 당나라 때의 시인詩人, 화가畫家. 남종문인화南宗文人畵의 시조始祖. 자연을 소재로 한 오언절구五言絶句에 뛰어났음. 세상 사람이 시불詩佛이라고 부른다.

독작獨酌에 차운次韻하다

次獨酌韻
(차독작운)

산봉우리 위에 구름 달이 나타나고
동네에선 소쩍새 소리 들려오네.
하루 종일 전지작업 하였는데
일은 많고 노동은 더디기만 하네.

雲月出山嶺 (운월출산령)
杜魄來洞里 (두백래동리)
終日剪枝行 (종일전지행)
多事勞動遲 (다사노동지)

혼자 마시다
연청 정상일

獨酌
(독작)

동쪽 산봉우리에 황금달 떠오르고

남쪽 마을에 습풍濕風이 불어오네.

검은 구름은 간간히 옮겨가고

여여如如친구는 더디 오고, 홀로 한 잔 하네.

黃月出東嶺 (황월출동령)

濕風來南里 (습풍래남리)

墨雲間間行 (묵운간간행)

獨酒如如遲 (독주여여지)

▷ 정상일 시인詩人 : 호는 연청으로 30년간 고등학교 국어선생으로 재직하였음.
▷ 여여如如친구는 시인詩人이고 화백畫伯인 여여如如 김이동 거사를 말함.

월하독작月下獨酌 　　　　　　　月下獨酌
　　　　　　　　　　　　　　　　　(월하독작)

달밤에 홀로 술 마시고 술기운이 좋은데
깊은 산 소쩍새 우는소리 구슬프고 구슬프네.
둥근달과 황금 술 단지와 더불어 다시 한 잔 마시는데
어느 새 밤은 깊어가고 주신酒神이 온몸에 퍼지네.

月下獨酌好醉氣 (월하독작호취기)
深山杜魄鳴哀哀 (심산두백명애애)
月與金樽復一杯 (월여금준부일배)
於焉子夜酒神蓋 (어언자야주신개)

조사祖師의 뜰에 송엽이 내리네

祖庭松葉下
(조정송엽하)

조계 종찰에 나그네가 이르니
종일 내리는 안개비가 산사를 덮네.
창연蒼然한 옛 탑은 말없이 서있는데
조사의 뜰에 송엽은 바람에 날려 내리네.

曹溪宗刹到一客 (조계종찰도일객)
終日霧雨蓋山寺 (종일무우개산사)
蒼然古塔立無言 (창연고탑입무언)
祖庭松葉風飛下 (조정송엽풍비하)

파주문월把酒問月을 보고   把酒問月
                                                               (파주문월)

이백이여, 달빛이여!
천추에 영원하리라.
항아선녀여, 황금 술항아리여!
만고萬古에 아름다운 빛이로다.
선사여, 활안活眼이여!
달빛 문이 항상 빛나도다.
옛날이여, 지금이여, 나여, 너여,
이 곡조曲調는 영원한 기쁨이로다.

李白兮 月光兮　(이백혜 월광혜)
千秋永遠也　　(천추영원야)
姮娥兮 金樽兮　(항아혜 금준혜)
萬古光輝也　　(만고광휘야)
禪師兮 活眼兮　(선사혜 활안혜)
月門常光也　　(월문상광야)
古今兮 我汝兮　(고금혜 아여혜)
曲調長樂也　　(곡조장락야)

▷ 월문선사月門禪師로부터 이백李白의 파주문월把酒問月을 받아보고 저자著者가 답서答書로 보낸 글이다.

해와 달이 동시에 떴네

日月同時天 (일월동시천)

하늘에 해와 달이 동시에 뜨니
세월 가는 줄을 모르겠네.
오늘 천릿길을 떠나가는데
이르는 곳마다 모두 쉼터라네.

日月同時天 (일월동시천)
不知去歲月 (부지거세월)
今行千里途 (금행천리도)
到處皆休歇 (도처개휴헐)

▷ 달마산 미황사 소요암에서 아침을 맞이하고 진도 바다를 바라보다가 하늘에 하얀 달을 보고, 월문선사가 1구와 2구를 읊고, 저자가 3구와 4구를 읊다.

아무 일 없는 범부凡夫　　　　　無事凡夫
　　　　　　　　　　　　　　　　　　(무사범부)

천하天下를 두루 돌고 돌아 고향에 와서 보니
수십 년의 세월이 한순간에 지나갔네.
인생과 더불어 세상은 변해도 처음 마음은 늘 푸르고
아무 일 없는 범부凡夫는 이와 같이 지나가네.

周遊天下故鄕來 (주유천하고향래)
數十星霜一瞬去 (수십성상일순거)
生與世變初心靑 (생여세변초심청)
無事凡夫如是去 (무사범부여시거)

봉암사 60일 용맹정진

曦陽山下鳳巖寺勇猛精進時節
(희양산하봉암사용맹정진시절)

구산선문九山禪門의 선풍禪風이 활발한 희양산 봉암사에서
용맹정진으로 참선參禪 입문入門을 처음 시작하였네.
용맹정진하는 60일 동안에 아무 맛 없고 아무 재미 없어
생각치도 못하고 알지도 못하는 사이에 무심無心이 빛났네.

曦陽山下鳳巖寺 (희양산하봉암사)
勇猛精進初入禪 (용맹정진초입선)
六十日間沒滋味 (육십일간몰자미)
不知不識無心鮮 (부지불식무심선)

▷ 봉암사는 당시에 청풍납자淸風衲子들이 모여서 용맹정진의 구도열정이 대단히 활발活潑潑하고 뜨거운 참선도량이었다. 1981년 동안거 해제철 기간에 스님들이 60일간 용맹정진하였다.
▷ 당시 저자가 처음 봉암사에 도착해 보니 용맹정진을 시작한 지 얼마 안 된 시점이었다. 선원 대중스님들이 같이 정진하는 것을 허락해 줘 60일간의 용맹정진에 동참하여 끝까지 할 수 있었다. 당시에 용맹정진을 같이 했던 스님들은 15인이었으며, 마지막까지 끝마친(회향廻向) 스님은 10인으로 기억하고 있다.
▷ 그 10인의 법명法名은 입승은 종봉(고봉)스님(현,지리산 문수사 주지), 청중은 보선스님(현, 대흥사 조실), 원행스님(현, 안동 용수사 주지), 선견스님, 법보스님(현, 직지사 주지), 혜웅스님, 해철스님, 도문스님(삼각산 도선사), 인선스님, 저자(지선스님) 등이었다.
▷ 용맹정진勇猛精進 : 선원에서 매일 기본 참선정진 시간을 8시간~10시간을 하는데, 공양시간과 1시간에 10분씩 쉬는 시간을 뺀 나머지 모든 시간에는 참선대중이 마주 보고 오직 좌선坐禪만 하는 정진을 용맹정진이라고 한다. 처음 참선에 입문한 사람이 실행하기에는 쉽지 않은 수행방식이라고 할 수도 있다. 선방禪房에서 오직 깨달음을 위해 목숨을 바쳐서 하는 극한적인 수행방식의 하나라고 말할 수 있다.
▷ 활발발活潑潑 : 불교에서 수행의 활발함을 더 강조하는 말.

봉암사 30일 용맹정진

鳳巖寺冬安居三十日勇猛精進
(봉암사동안거삼십일용맹정진)

내게는 마음의 고향 같은 봉암사에서
삼십 일간 용맹정진勇猛精進하였네.
스물네 살에 스스로를 잊고 또 잊고 참선參禪하였는데,
지난 시절을 회고해 보니 모두가 꿈속에서 건립建立한 일이었네.

吾如心鄕鳳巖寺 (오여심향봉암사)
勇猛精進過三十 (용맹정진과삼십)
二十四歲沒我禪 (이십사세몰아선)
回顧往年都夢立 (회고왕년도몽립)

▷ 저자著者가 1984년 동안거를 희양산 봉암사에서 하였다.
▷ 당시에 조실은 서암대선사, 주지는 동춘스님, 도감은 법련스님, 입승은 정묵(월문)스님, 청중은 효광스님이었으며, 상경스님, 중암스님, 함현(현종)스님, 범혜스님, 진산스님, 정견스님, 황노스님, 진담스님, 진석스님, 저자(지선스님) 등 약 30인의 청풍납자淸風衲子가 30일간 용맹정진을 하였다.
▷ 당시에 서암조실스님이 30일 용맹정진을 격려하셨고, 소참小參법문法門과 법거량法擧揚 법문답法問答이 있었다.

동리산
태안사 하안거

桐裏山泰安寺夏安居時節
(동리산태안사하안거시절)

예로부터 지금까지 지혜의 칼을 찾는 나그네가
동리산 태안사 도량에서 여름 한철을 좌선坐禪했네.
누대樓臺에서의 깨달음의 노래는 아직도 울리고
장끼(웅치雄雉) 울음소리 들리는 사이에 명월이 떠오르네.

自古今來尋劍客 (자고금래심검객)
泰安道場坐夏月 (태안도량좌하월)
樓臺悟歌響尙今 (누대오가향상금)
雄雉啼聲出明月 (웅치제성출명월)

▷ 2009년 하안거 정진을 곡성 태안사 선원에서 하였다.
▷ 누대樓臺 : 누각樓閣과 대사臺榭 따위의 건물建物을 통틀어 이르는 말이다.
▷ 오가悟歌 : 오도송悟道頌, 오도가悟道歌의 줄임말. 고승高僧들이 부처의 도道를 깨닫고 지은 시가詩歌를 말함.
▷ 웅치雄雉 : 수꿩, 장끼. (숫컷 웅, 꿩 치)

통도사 극락암 동안거

通度寺極樂庵護國禪院冬安居
(통도사극락암호국선원동안거)

삼십삼 조사祖師를 모신 조사전에서 공안公案을 참구하는데
삼동三冬의 눈바람이 뼈에 사무치고 차가웠네.
낙락장송落落長松은 모두 머리를 숙이고 있고
극락암 영지影池에는 산 그림자가 스스로 출몰出沒하네.

卅三祖殿參公案 (삽삼조전참공안)
三冬雪風寒徹骨 (삼동설풍한철골)
落落長松悉低頭 (낙락장송실저두)
影池山影自出沒 (영지산영자출몰)

▷ 2008년 동안거를 극락암 호국선원에서 하였다.
▷ 영지影池 : 그림자 비치는 연못.
▷ 삼동三冬 : 겨울의 석 달. 새 해의 겨울.
▷ 삽삼조사전卅三祖師殿 : 서른 세분의 조사祖師스님을 모신 집.

오대산 상원사 하안거

回顧五臺山上院寺夏安居
(회고오대산상원사하안거)

오대산 상원사에上院寺에 머물 때

문수전 좌측 방에서 하안거를 이루었네.

다섯 명의 구참납자久參衲子와 같이 참선하고

방선放禪의 여가餘暇에 각 방면으로 걸었었네.

흐르는 계곡물에 두 발을 담그기도 하였고

적멸보궁 참배로 신심信心을 장양長養하기도 하였네.

누더기 입은 수좌首座를 부처님이 지키고 보호해 주니

끊임없이 조사祖師의 관문關門을 맹렬히 두드렸네.

▷ 1980년대 초에 상원사 선원禪院은 소실燒失된 상태였다.
▷ 적멸보궁寂滅寶宮 : 부처님의 사리를 모셔놓은 곳.
▷ 납의衲衣 : 누더기 옷.
▷ 수좌首座 : 참선參禪하는 스님을 높여 부르는 말.
▷ 조관祖關 : 조사祖師스님이 제시提示한 화두話頭를 조사祖師의 관문關門이라 하며, 줄여서 조관祖關이라 부른다.

五臺山居上院寺 (오대산거상원사)
文殊殿側成安居 (문수전측성안거)
五人久參同修禪 (오인구참동수선)
放禪餘暇行各方 (방선여가행각방)
溪水巖盤潛兩足 (계수암반잠양족)
參拜寶宮信心養 (참배보궁신심양)
衲衣首座守護佛 (납의수좌수호불)
祖關猛敲無盡藏 (조관맹고무진장)

▷ 화두話頭 : 불교佛敎에서 참선參禪하는 이에게 도道를 깨치게 하기 위爲하여 제시提示한 핵심 문제問題를 말한다. 공안公案이라고도 하고, 화두선話頭禪, 공안선公案禪이다.

태백산 유일사를 회고하며

回顧太白山唯一寺
(회고태백산유일사)

도반인 혜선慧禪스님과 해인사를 같이 나와
18세 때 태백산 유일사로 수행처를 옮겼네.
당시에 낮에는 땔감나무하고 밤에는 참선했는데,
유일사의 창건주는 수원 백씨 보살이었네.
아침저녁 예불하고 공양은 발우공양을 했으며
매일 눈 쌓인 산에서 벌목伐木을 즐겼네.
가끔씩 태백산 천제단까지 다녀오기도 하고
청운만리의 포부를 갖고 소나무같이 푸른 꿈꾸었네.

▷ 1979년 가을, 18세에 통도사 승가대학을 졸업하고, 해인사 승가대학에 다시 청강생으로 입학하였으며, 해인사 원당암에 머물렀었다. 거기서 혜선스님과 도일스님(청화선사 제자) 등을 만났다.

慧禪道伴出海印 (혜선도반출해인)
十八歲末入太白 (십팔세말입태백)
當時晝作夜參禪 (당시주작야참선)
創建菩薩水原白 (창건보살수원백)
朝夕禮佛鉢供養 (조석예불발공양)
每日雪中樂伐木 (매일설중낙벌목)
往往登頂天祭壇 (왕왕등정천제단)
靑雲萬里夢松柏 (청운만리몽송백)

해인사에서 추석을 지내고는 혜선스님이 평소 알고 있던 태백산 유일사로 가서 공부하기로 하고, 함께 가서 잠시 지내었다. 당시에는 창건주가 백보살님이었다. 전기도 없고 전화도 없는 심심산골 절이었다. 이 절에서 박정희 대통령 시해사건 뉴스를 라디오로 들었다.

태백산 정암사를 회고하다

回顧太白山淨巖寺冬安居
(회고태백산정암사동안거)

군 입대 직전에 태백산 정암사 적멸보궁寂滅寶宮에서
다섯 명의 납자衲子가 우연히 모여 동안거冬安居를 하였네.
그 시절에 춘전 선사禪師의 법음法音이 지금도 들려오고,
눈 속에서 삼매경三昧境의 선정禪定은 하늘에 충만하였네.

入隊直前居太白 (입대직전거태백)
五人衲子冬安居 (오인납자동안거)
春田禪師響法音 (춘전선사향법음)
雪中正定充太虛 (설중정정충태허)

▷ 입대직전入隊直前 : 1981년 겨울.
▷ 5인납자五人衲子 : 당시에 함께 정진했던 5인의 수행자로 선지스님, 덕함스님, 영주스님, 청해스님, 저자(지선志禪스님)이다.
▷ 춘전선사春田禪師 : 당시 정암사 적멸보궁에 계셨던 노스님이다.
▷ 당시에 정암사 주지는 삼보三寶스님이었다.
▷ 정정正定 : 팔정도八正道의 하나.

제 12 부

고향 소식 (3)
(본지풍광本地風光)

눈 내린 후 하늘이 푸르네

雪後靑天
(설후청천)

눈 내린 후 하늘이 푸르니 봄날이 가까이 다가오고
얼음 녹은 넓은 강(장강長江)에는 철새가 내려오네.
백천百千가지 공안公案이 본래 텅 빈 공空임을 깨치니
새소리와 바람소리, 붓다와 조사祖師의 설법이 하나이네.

雪後靑天近春日 (설후청천근춘일)
解氷長江下候鳥 (해빙장강하후조)
百千公案覺本空 (백천공안각본공)
啼鳥風聲同佛祖 (제조풍성동불조)

▷ 장강長江 : 1. 물줄기가 길고 큰 강江.
     2. 중국中國의 양자강揚子江을 말함.
▷ 후조候鳥 : 철새. 철을 따라 이리저리 옮겨 다니며 사는 새.

만약에 내게 도를 물어오면

靑天白日照
(청천백일조)

푸른 하늘에 밝은 햇살이 쏟아지고
곳곳마다 봄꽃이 활짝 피어나네.
만약에 사람이 내게 도를 물어오면
눈 앞에 온갖 꽃이 만개滿開했다 하리라.

靑天白日照 (청천백일조)
處處春花開 (처처춘화개)
若人問道來 (약인문도래)
眼前百花開 (안전백화개)

백거이의 시詩 '학鶴'에 차운次韻하다 · 1

次白居易之詩鶴韻
(차백거이지시학운) · 1

인생은 즐기고 좋아함(기호嗜好)이 각각 다르고
만물은 늘 변하는 것(무상無常)이 마땅한 것이네.
누가 너의 날으는 춤이 멋있다고 말하는가?
강 위에 서 있을 때의 너의 모습이 참으로 좋네.

人生各嗜好 (인생각기호)
萬物常變宜 (만물상변의)
誰說能汝舞 (수설능여무)
不如江立時 (불여강립시)

백거이의 시詩 '학鶴'에 차운次韻하다 · 2

次白居易之詩鶴韻
(차백거이지시학운) · 2

구름과 물같이 흘러가는 일생을 좋아하고
천하天下는 하룻밤 머무는 것으로 마땅하지.
누가 봉황鳳凰의 춤을 꿈꾸며 탐닉耽溺하는가?
지금 당장이 항상 즐거운 때이네.

雲水一生好 (운수일생호)
天下一宿宜 (천하일숙의)
誰耽夢鳳舞 (수탐몽봉무)
卽今常樂時 (즉금상락시)

벽안당 법인 대종사의
법문法門을 회고回顧하다

碧眼堂法印大宗師之法門回顧
(벽안당법인대종사지법문회고)

경봉조사祖師의 대代를 이은 맏상좌(上佐)가 되어
천성산 내원선원에서 조사관祖師關을 격파擊罷하셨네.
조계종단의 정화불사淨化佛事에 온몸을 던지셨고,
청백가풍淸白家風으로 육환장六環杖을 떨치셨네.
영축산 통도사의 진정한 사표師表이셨으며,
안과 밖이 한결같고 항상 적묵寂默으로 바라보시었네.
법좌法座에 올라 법문法門하실 때는 주장자를 드시고
붓다와 조사祖師의 심인心印을 바로 보도록 열어 보이셨네.

▷ 경봉 정석 대종사 : 1892년 경남 밀양 출생~1982년 통도사 극락암에서 입적入寂함.
▷ 벽안 법인 대종사 : 1901년 경주 내남 출생~1987년 통도사에서 입적入寂함.
▷ 상족上足 : 사승師僧의 대代를 이은 사람 가운데 가장 높은 승려.
▷ 조사관祖師關 : 보리달마대사에서 비롯된 참선하는 선종禪宗에서 조사祖師가 가르치는 참선법을 조사선祖師禪이라고 하고, 조사祖師가 제시한 마음공부의 핵심 문제를 조사관祖師關이라고 한다.
▷ 영축산 통도사 : 경남 양산시 하북면 통도사로 108에 있는 사찰로서 부처님 정골사리頂骨舍利가 모셔져 있는 불보종찰佛寶宗刹이다.

鏡峰祖師爲上足 (경봉조사위상족)
千聖內院罷祖關 (천성내원파조관)
曹溪淨化投一身 (조계정화투일신)
淸白家風振六環 (청백가풍진육환)
靈鷲通度眞師表 (영축통도진사표)
內外一如常黙觀 (내외일여상묵관)
陞座法門擧拄杖 (승좌법문거주장)
佛祖心印示直觀 (불조심인시직관)

▷ 심인心印 : 선가禪家에서 글이나 말에 의依하지 아니한, 불타佛陀 내심內心의 실증實證을 심인心印이라 표현한다.
부처님의 깨달음을 도장에 비유한 말이다.
▷ 육환장 : 산사에 스님이 사용하는 지팡이인데, 지팡이 상부에 6개의 쇠고리를 달아서 행각行脚이나 걸어 다닐 때 동물이나 곤충들에게 피하라는 신호를 주는 지팡이.
▷ 주장자拄杖子 : 스님이 설법할 때 사용하는 지팡이를 말한다.

화림동산의 일상   花林東山之日常
(화림동산지일상)

꽃나무숲 동산에서 아침 해를 맞이하는데
봄철의 새 우는 소리가 숲속에 가득하네.
푸르름이 깃든 초가집에서 차 마시는데
청마루 아래 고양이가 간간이 야옹거리네.

花林東山迎曉日 (화림동산영효일)
春鳥鳴聲響林間 (춘조명성향임간)
棲碧茅屋喫茶中 (서벽모옥끽다중)
廳下猫兒啼間間 (청하묘아제간간)

좋은 벗, 우연히 만나다   逢遇善友 (봉우선우)

영축산 아래 다실茶室에서 좋은 벗 만나니
맑은 바람, 시냇물 소리와 더불어 얼굴에 웃음이 가득하네.
염천炎天에 뜨겁게 이글거리는 태양의 기운을 받아
하루의 행복함이 가슴 깊이 그득하네.
얼음 동동 띄운 차 한 잔의 여유를 만끽하니
저절로 입가에 미소가 피어나네.
만나기 어려운 인연이 눈앞에서 이루어지니
날마다 우정도 깊어가고 도심道心도 깊어가네.

靈鷲茶室逢善友 (영축다실봉선우)
淸風溪聲滿面笑 (청풍계성만면소)
炎天太陽受氣運 (염천태양수기운)
一日幸福充胸奧 (일일행복충흉오)
片氷冷茶樂餘裕 (편빙냉차낙여유)
自然口邊發微笑 (자연구변발미소)
千載一遇成眼前 (천재일우성안전)
日深友情道心奧 (일심우정도심오)

봄날 우연히 읊다 　　　　春日偶吟
　　　　　　　　　　　　　　　　　　(춘일우음)

높고 큰 산 봉우리 아래에 옛 절(고찰古刹)에서
범종소리가 무수한 세계에 울려 퍼지네.
끝없는 안개구름이 빈 골짜기에서 피어오르고
바람소리 새소리는 내 마음에 가득 이르네.
이와 같이 좋은 날, 옛 친구(고우故友)를 만나서
한 잔, 또 한 잔 마시니 가슴(마음)이 쾌활하네.
덧없는 인생, 한번 가면 다시 올 수 없나니
봄, 가을을 기다리지 말고 지금 활발하게 지내라.

巍嵬峯下有古刹 (외외봉하유고찰)
梵鐘一聲響塵刹 (범종일성향진찰)
無盡煙雲起空谷 (무진연운기공곡)
風聲啼鳥滿心達 (풍성제조만심달)
如是好日逢故友 (여시호일봉고우)
一杯又杯胸快活 (일배우배흉쾌활)
浮生一去復不來 (부생일거부불래)
莫待春秋今活潑 (막대춘추금활발)

환희로운 날

歡喜之日
(환희지일)

강화도 바다에 해질녘(일모日暮)에 이르러서
물빛인쇄소 주공主公의 환대歡待를 받았네.
아름다운 저택邸宅에서 명품 서화書畫를 감상하고
술을 만나고 노래와 춤으로 무대舞臺가 흔들렸네.

江華島海至日暮 (강화도해지일모)
水光印刷受歡待 (수광인쇄수환대)
秀麗邸宅感書畫 (수려저택감서화)
對酒歌舞動舞臺 (대주가무동무대)

▷ 주공主公 : 주인主人을 높여 부르는 말.
▷ 물빛인쇄소 : 강화도 마니산 아래에 있는 아름다운 집의 이름이다.
   주공主公이 직접 쓰고 그린 명품 서화書畫 전시관이 있다.

폭염 속 연꽃 향기

1.
삼복지절三伏之節에 폭염이 기승을 부려도
푸른 산은 여전히 무성하게 푸르고
장마철에 폭우가 쏟아져 내려도
푸른 바다는 언제나 푸르기만 하네.

三伏暴炎役氣勝 (삼복폭염역기승)
靑山如如碧茂盛 (청산여여벽무성)
霖間暴雨降不絕 (임간폭우강부절)
碧海依舊如一靑 (벽해의구여일청)

▷ 법산 경일 대종사가 지은 시 '폭염 속 연꽃 향기'를 저자가 한시漢詩로 옮겼다.

2.
흰 구름이 나날이 푸른 산 감싸고돌아도
푸른 산은 한 번도 하얗게 변한 적이 없고
맑은 하늘에 먹구름이 덮여도
밝은 태양은 언제나 비추고 있네.

白雲日日廻靑山 (백운일일회청산)
靑山一回無變白 (청산일회무변백)
無邊淸天蓋黑雲 (무변청천개흑운)
太陽光明常輝白 (태양광명상휘백)

3.
한마음에 무명업식으로 근심걱정 괴로워도
청정한 본연자성은 물들일 수 없으며
염불 참선으로 적정한 한마음은 성성惺惺한데
연꽃 향기는 그윽하고 솔바람은 상쾌하네.

一心無明苦憂患 (일심무명고우환)
淸淨本性不汚染 (청정본성불오염)
念佛參禪寂心惺 (염불참선적심성)
蓮香幽幽爽松風 (연향유유상송풍)

불청지우不請之友를 위하여   爲不請之友
(위불청지우)

정법문중正法門中에서 지혜의 칼을 찾는 수좌首座가
영축산 극락암 호국선원에서 하안거에 들어가네.
활구活句를 단단히 잡고 정진하여 전념과 후념을 잊으니
맑은 바람, 조사祖師 뜰에 진리의 꽃이 만발하는 곳이네.
진여眞如의 혜일慧日이 항상 방광放光하고
청정광명, 오분법신향五分法身香의 장엄이 허공에 가득하니.
소를 타고, 피리 불며 고향으로 돌아왔으니
이 소식을 일체중생과 시방삼세에 회향廻向하소서.

正法門中尋劍客 (정법문중심검객)
靈鷲禪堂入安居 (영축선당입안거)
緊把活句忘前後 (긴파활구망전후)
淸風祖庭花發處 (청풍조정화발처)
眞如慧日常放光 (진여혜일상방광)
淨明香嚴滿太虛 (정명향엄만태허)
騎牛吹笛歸來鄕 (기우취적귀래향)
普皆廻向一切處 (보개회향일체처)

환희의 노래　　　　　　　歡喜之詠歌
　　　　　　　　　　　　　　　(환희지영가)

지혜의 칼을 찾는 심검당尋劍堂에서 적적寂寂한 즐거움은
눈 푸른 납승衲僧이 날마다 수용受用하는 일상의 일이네.
삶은 꿈과 허깨비, 거품과 그림자와 같은 줄을 항상 자각自覺하고
스스로 자성본불自性本佛을 보며 항상 환희의 노래 부르네.

尋劍堂中寂寂味 (심검당중적적미)
碧眼衲僧日用事 (벽안납승일용사)
夢幻泡影恒自覺 (몽환포영항자각)
自見自性常詠歌 (자견자성상영가)

▷ 심검당尋劍堂 : 수행승이 참선參禪하는 집.
▷ 적적미寂寂味 : 적적寂寂한 맛. 적적寂寂한 즐거움.
▷ 벽안납승碧眼衲僧 : 눈이 빛나는 수행자修行者를 이르는 말.
▷ 납승衲僧 : 누더기 옷을 입은 사람 수도승修道僧을 이르는 말.
▷ 자성自性 : 자성본불自性本佛의 준말.
▷ 불성佛性 : 중생이 본디 가지고 있는 부처가 될 성품性品.
▷ 진성眞性 : 진여자성眞如自性의 준말.
▷ 환희歡喜 : 매우 즐거움. 또는 큰 기쁨.
▷ 영가詠歌 : 시가詩歌를 읊음. 노래 부르다.

인생통장·1

人生通帳
(인생통장)·1

적금통장에 적금이 얼마나 있는가?
예입금액만 출금이 가능하네.
만약 대출받으면 이자가 붙고
이밖에는 출금이 불가능하네.

인생통장은 쌓은 업業이 결정하니
일생의 행업行業이 마음(장식藏識)에 쌓이네.
적선積善의 과보는 복인福人으로 출생하고
적악積惡의 과보는 악도惡道가 마땅하네.

積金通帳幾何金 (적금통장기하금)
預入金額出金能 (예입금액출금능)
若有貸出利子加 (약유대출이자가)
此外出金不可能 (차외출금불가능)

人生通帳決定業 (인생통장결정업)
一生行業藏識積 (일생행업장식적)
積善果報福人出 (적선과보복인출)
積惡果報惡道適 (적악과보악도적)

인생통장 · 2

人生通帳
(인생통장) · 2

출생할 때 빈손으로 왔고
세상 떠날 때 빈손으로 간다네.
저승에는 오직 지은 업만 따라가고
이밖에는 아무 것도 못 가져가네.

나에게 있는 한물건은 항상 홀로 드러나
생사生死에 관계없이 항상 빛나네.
영겁永劫에 어둡지 않은 이 신령스러운 광명은
우주법계에 충만한 하나의 둥근 광명이네.

出生之時空手來 (출생지시공수래)
死去之時空手去 (사거지시공수거)
黃泉唯有業隨身 (황천유유업수신)
此外萬般將不去 (차외만반장불거)

我有一物常獨露 (아유일물상독로)
不關生死恒輝光 (불관생사항휘광)
永劫不昧此神光 (영겁불매차신광)
遍滿法界一圓光 (편만법계일원광)

천성산 금봉암金鳳庵에서

於千聖山金鳳庵
(어천성산금봉암)

천성산千聖山 중턱에 한 띳집(일모암一茅菴) 같은 암자가 있는데,

높고 큰 산(외외巍嵬) 바위봉우리 아래 금봉金鳳이 깃들었네.

선사禪師의 풍채風采와 용모容貌는 맑은 기운으로 넉넉하고

방방房房마다 걸려 있는 서화書畫는 고풍古風스러움 드러내네.

황토벽 위에 매달려 있는 멍석網石은 지음知音을 기다리고,

찻상(다탁茶卓)의 한 잔 차에는 수많은 봉우리(千峯) 머금고 있네.

첩첩산중 푸르름이 가득 깃든 정자에서 뭇 산을 바라보는데

봄바람(春風) 불어와 금봉암金鳳庵에 매화향이 그득하네.

▷ 천성산 금봉암 : 비구니 금봉 지윤선사禪師가 수십 년을 머물며 수행 정진하는 도량이다.

千聖山中一茅菴 (천성산중일모암)
巍嵬峰下棲金鳳 (외외봉하서금봉)
禪師風貌裕淸氣 (선사풍모유청기)
房房書畫現古風 (방방서화현고풍)
壁上網席待知音 (벽상명석대지음)
茶卓一盞含天峯 (다탁일잔함천봉)
碧栖籠亭望衆山 (벽서농정망중산)
風來梅香滿金鳳 (풍래매향만금봉)

태백산 동암東庵에서 　　　　於太白山東庵
　　　　　　　　　　　　　　　　　(어태백산동암)

새해 초, 태백산太白山에 올라가서

동암東庵에서 참선하는 도우(道友, 도반道伴)을 만났네.

차 마시는 찻상(다탁茶卓)에는 맑고 깨끗한 향기 가득하고

창 밖에는 달님의 친구가 이웃으로 가까이 있네.

선실禪室에는 맑은 운치韻致 느끼게 하는 시詩가 걸려있어,

수행납자修行衲子의 여유餘裕 가득하네.

서쪽 하늘 붉은 노을(홍하紅霞) 물들어가고,

이다음에 만날 것을 기약하고 집으로 돌아왔네.

▷ 태백산 각화사 동암東庵에서 참선參禪하는 영한선사를 만나다. 영한선사는 통도사의 스님이며, 조계종의 종사宗師이다.
▷ 세초歲初 : 설. 한 해의 첫머리.
▷ 다탁茶卓 : 찻그릇을 벌여 놓고 차를 따라 먹는 탁자卓子.
▷ 선실禪室 : 좌선坐禪하는 집.

歲初登太白 (세초등태백)
東庵逢道友 (동암봉도우)
茶卓滿淸香 (다탁만청향)
窓外鄰月友 (창외인월우)
禪室掛淸詩 (선실괘청시)
衲子充餘裕 (납자충여유)
西天染紅霞 (서천염홍하)
歸來期此後 (귀래기차후)

▷ 청시淸詩 : 맑은 운치韻致를 느끼게 하는 시詩.
▷ 납자衲子 : '납의衲衣 입은 사람' 이란 뜻으로, 수행修行하는 승려僧侶를 이르는 말. 운수납자雲水衲子.
▷ 홍하紅霞 : 붉은 노을.
▷ 귀래歸來 : 원래 있던 곳으로 다시 옴.

태백산 각화사와 동암을 찾아가다   尋訪太白山覺華寺與東庵
(심방태백산각화사여동암)

태백산 각화사에서 옛 도반을 만났는데

출격出格대장부로 눈빛이 빛나네.

영축산 통도사에서 함께 한 지난 시절 회고하는데

푸른 하늘에 흰 구름이 뜨거운 햇빛을 가려주네.

산길을 걷고 걸어서 동암東庵에 도착하니

솔바람과 석간수石間水가 뜨거운 더위를 쉬게 해 주네.

암주庵主 스님은 웃는 얼굴로 방문객을 환영歡迎하는데

선당禪堂 벽면 위에는 임제선사 청시淸詩의 향기가 가득하네.

▷ 암주庵主 : 동암東庵에서 참선 중인 영한스님을 암주로 표현함.
▷ 임제시향臨濟詩香 : 영한스님이 임제선사臨濟禪師의 시詩를 석정스님의 달마도와

太白覺華逢故友 (태백각화봉고우)
出格丈夫輝眼光 (출격장부휘안광)
同遊靈鷲顧往年 (동유영축고왕년)
靑天白雲掩日光 (청천백운엄일광)
步步山徑到東庵 (보보산경도동암)
松風間水歇熱狂 (송풍간수헐열광)
庵主笑顔迎訪客 (암주소안영방객)
臨濟詩香滿壁上 (임제시향만벽상)

함께 족자로 만들어 동암의 방안 벽 위에 걸어 두었다. 임제선사의 본지풍광本地風光이 그대로 느껴지는 맑은 시의 향기를 '임제시향'으로 표현함.

성암 종범 대종사 법문

惺庵宗梵大宗師法門
(성암종범대종사법문)

종범 대종사가 법좌法座에 올라 법을 연설하니
청법대중聽法大衆은 모두 환희하고 인연 따라 깨달았네.
기쁨에 넘치는 얼굴로 모든 사람의 마음이 편안하니
봄꽃 가득 핀 꽃 숲 도량에서 모두 성불인연 이루었네.

宗師陞座演說法 (종사승좌연설법)
聽衆歡喜悟隨緣 (청중환희오수연)
滿面春風安諸人 (만면춘풍안제인)
花林道場成佛緣 (화림도량성불연)

종범 대종사의
특별법문에 감사드리며

宗梵大宗師之特別法門感謝
(종범대종사지특별법문감사)

형형색색形形色色의 봄꽃(춘화春花)이 피어나니

영원한 아름다움의 모습, 그대로 화장세계華藏世界이네.

도량 곳곳(처처處處)에 꽃으로 장엄莊嚴을 이루니

구름같이 모인 사부대중은 모두 마음의 경전 활짝 열리네.

종범 대종사의 한 걸음, 한 걸음은 부처님의 행을 그대로 행하는 것이고

대종사가 법좌에 올라 설법하니 청법대중은 삼장三障이 소멸하네.

존자尊者의 미소법문은 그대로 자유자재한 원통圓通을 보여주니

눈앞에 부처님의 영산회상會上이 출현出現하는 듯하네.

形形色色發春花 (형형색색발춘화)
萬古徽猷卽華藏 (만고휘유즉화장)
道場處處花莊嚴 (도량처처화장엄)
雲集四衆開法藏 (운집사중개법장)
宗師步步行佛行 (종사보보행불행)
陞座說法滅三障 (승좌설법멸삼장)
尊者微笑示圓通 (존자미소시원통)
出現目前佛會上 (출현목전불회상)

종범 대종사의 특별법문에 부치다

寄於宗梵大宗師特別法門
(기어종범대종사특별법문)

마하금강사 창건 30주년 기념 및
한시집 '화림산책' 출간기념의 집회를 거행擧行하였네.
도량에는 봄꽃 활짝 피어나 아름답고 빛났으며,
곳곳에서 도인道人과 속인俗人이 구름처럼 많이 모였네.
종범 대종사大宗師의 법어法語에 대중은 환희가 충만하였고
법석法席에 청중은 벽처럼 서 있는 마음의 철벽을 뛰어넘었네.
할아버지 경봉스님과 은사 벽안스님의 법맥法脈을 계승하였다고
법통法統을 확립시켜 보여주시고 시방삼세 불보살님께 선포하셨네.

▷ 조사祖師 : 할아버지 스승.
▷ 엄사嚴師 : 엄격한 스승. 은사恩師스님을 지칭하는 말.
▷ 도속道俗 : 도인道人과 속인俗人.

建立梵刹三十及 (건립범찰삼십급)
出刊漢詩行會集 (출간한시행회집)
道場春花輝滿開 (도량춘화휘만개)
處處道俗如雲集 (처처도속여운집)
宗師法語充歡喜 (종사법어충환희)
法席聽衆超壁立 (법석청중초벽립)
祖師嚴師繼法脈 (조사엄사계법맥)
宣布十方示法立 (선포시방시법립)

▷ 벽립壁立 : 깎아지른 듯한 낭떠러지가 벽처럼 서 있음. 여기서는 수행자가 뛰어넘어야 할 마음의 은산철벽銀山鐵壁을 벽립壁立으로 표현함.

향엄 정명선사에게 화답하다

和答於香嚴禪師
(화답어향엄선사)

쉬고 쉬며 봄비를 바라보니
내 마음이 맑고 시원하네.
지음知音과 마음이 서로 통하니
도의 향기가 법계에 두루 가득 차네.

休休觀雨 (휴휴관우)
自心淸凉 (자심청량)
知音相通 (지음상통)
遍滿道香 (편만도향)

▷ 이 시는 향엄 정명스님이 1구, 2구를 짓고 저자가 3구, 4구를 지음.
▷ 향엄선사香嚴禪師가 2023년 05월 05일 아침에 '휴휴관우休休觀雨 자심청량自心淸凉'의 글을 카톡으로 보내와서 저자가 바로 답글 보낸 글이 '지음상통知音相通 편만도향遍滿道香'이다.

서운암을 방문하다

訪問瑞雲庵 (방문서운암)

영축산 적멸보궁에 신령한 광명이 비치고
서운암 두 개의 연못에는 하늘, 구름이 비치네.
물속에는 성파 종정 큰스님이 그린 암각화가 걸작이고
산과 들에는 갈대꽃으로 가을의 운치韻致가 깊어가네.

靈鷲寶宮放神光 (영축보궁방신광)
瑞雲雙池映天雲 (서운쌍지영천운)
水中傑作巖刻畫 (수중걸작암각화)
山野蘆花深秋韻 (산야노화심추운)

함월산 백양사 산신각을 올라가면서 含月山白楊寺登山神閣
(함월산백양사등산신각)

천리향나무 꽃향기가 천년 고찰古刹에 그득하니
백팔개의 돌계단을 오르는 걸음걸음마다 경쾌하네.
함월산 산왕대신山王大神님이 삼보三寶를 보호하고,
동해에서 해 떠 오르고 가을바람 부니 이른 아침이 청량淸涼하네.

千里香薰滿古刹 (천리향훈만고찰)
百八石階輕步步 (백팔석계경보보)
含月山神護三寶 (함월산신호삼보)
日出金風淸晨朝 (일출금풍청신조)

▷ 삼보三寶 : 불보, 법보, 승보를 말한다.
▷ 불보佛寶 : 부처님을 존경하는 뜻으로 보배에 비유한 말.
▷ 법보法寶 : 부처님 말씀인 불경佛經을 존경하는 뜻으로 보배에 비유한 말.
▷ 승보僧寶 : 부처님 제자를 존경하는 뜻으로 보배에 비유한 말.

| 함월산 백양사에서 | 白楊寺迎秋夕 |
| 추석을 맞이하며 | (백양사영추석) |

함월산含月山 백양사白楊寺에서 추석을 맞이하여
청신사淸信士, 청신녀淸信女가 모여 조상님을 추모하네.
깨달음을 이루는 백양사 도량道場에는 국화향이 그득하고
신심信心 불자佛子님은 향상向上의 도道를 이루네.

含月白楊迎秋夕 (함월백양영추석)
淸信男女慕祖上 (청신남녀모조상)
菩提道場滿菊香 (보리도량만국향)
信心佛子成向上 (신심불자성향상)

상호의존　　　　　　　　　　相互依存
　　　　　　　　　　　　　　　(상호의존)

반야로 비춰보니 모든 현상(法)은 비어 있음의 표지(標識)를 지닌다.
티끌(微塵)과 국토(世界)가 서로 의지해서 존재하네.
한 장의 나뭇잎, 해와 달, 나와 더불어 의지하고 존재한다.
태어남도 없고 죽음도 없고 비어 있는 본성이 그대로 온전하네.

諸法空相般若觀 (제법공상반야관)
微塵刹土相依存 (미진찰토상의존)
一葉日月共與我 (일엽일월공여아)
不生不滅空性穩 (불생불멸공성온)

▷「최상의 행복에 이르는 지혜(반야바라밀다심경)」(틱낫한(일행一行)스님 지음 / 손명희 옮김) 이 책을 읽고 저자가 지은 시이다.
　틱낫한 스님은 베트남 사람이며, 세계적으로 널리 알려진 큰스님이다.

제 13 부

고향 소식 (4)
(본지풍광本地風光)

극락영지極樂影池에서　　　　　於極樂影池
　　　　　　　　　　　　　　　　　(어극락영지)

영축산 산사山寺에 한파寒波가 몰아치니
혹독한 추운 겨울의 맹렬한 위세에 사람들의 왕래는 잠잠하네.
반공중半空中에 초승달은 별친구와 이웃해서 어울리고
무지개다리 그림자 비치는 연못에는 쓸쓸하고 고요함이 드리우네.

靈鷲山寺擊寒波 (영축산사격한파)
嚴冬猛威無人跡 (엄동맹위무인적)
半空眉月鄰星友 (반공미월인성우)
虹橋影池垂蕭寂 (홍교영지수소적)

▷ 반공중半空中 : 하늘과 땅 사이의 그리 높지 않은 허공虛空.
▷ 미월眉月 : 눈썹 모양模樣 같이 된 초승달.
▷ 인鄰 : 이웃 마을.

▷ 성우星友 : 별친구.
▷ 홍교虹橋 : 무지개처럼 만든 둥근 다리.
▷ 영지影池 : 영축산 봉우리가 비치는 연못.
▷ 극락영지極樂影池 : 통도사 극락암에 있는 연못.
경봉스님이 1962년에 만들었다. 통도 8경중의 하나이다.
연못 위로 무지개 모양의 석교石橋가 있는데, 영축산, 극락암의 경치와 어우러져 멋진 풍광風光을 보여 준다.
▷ 소적蕭寂 : 쓸쓸하고 호젓한 모양模樣.

금빛 모래 위를 걷네   同行金沙步
                                            (동행금사보)

송정해수욕장 바다 위에 흰 갈매기 날고
연인戀人이 함께 금빛 모래 위를 걸어가네.
끝없는 다정한 이야기 속 저녁노을 아름다워
한 해가 저무는 때, 정분情分은 하늘같이 높네.

松亭海上白鷗飛 (송정해상백구비)
戀人同行金沙步 (연인동행금사보)
無盡情談夕霞美 (무진정담석하미)
歲暮情分如天高 (세모정분여천고)

▷ 연인戀人 : 그리워 하는 사람. 사랑하는 사람.
▷ 석하夕霞 : 저녁노을. 해가 질 때의 노을. 해질 무렵의 안개.
▷ 세모歲暮 : 그 해가 저무는 때. 세밑.
▷ 정분情分 : 정情이 넘치는 따뜻한 마음.

눈이 바람에 흩날리네

飛雪
(비설)

어젯밤 눈이 바람에 흩날리더니
오늘 아침에 산과 들이 하얗네.
추운 겨울은 참고 견디고 기다려야 하는 것,
따뜻한 봄은 반드시 집에 온다네.

昨夜飛雪下 (작야비설하)
今朝山野白 (금조산야백)
嚴冬堪忍待 (엄동감인대)
暖春必來宅 (난춘필래택)

▷ 비설飛雪 : 바람에 흩날리며 날리는 눈.
▷ 작야昨夜 : 어젯밤.
▷ 금조今朝 : 오늘 아침.
▷ 산야山野 : 1. 산과 들. 2. 시골.
▷ 엄동嚴冬 : 혹독酷毒하게 추운 겨울.
▷ 감인대堪忍待 : 참고 견디고 기다림.
▷ 감인堪忍 : 참고 견딤.(감내堪耐)
▷ 난춘暖春 : 따뜻한 봄.

춘설을 바라보며 · 1

望春雪 (망춘설) · 1

봄이 왔는데 눈이 내려 산과 들은 하얗게 덮여있고
앞 뜨락 장독대 항아리는 하얀 모자를 쓰고 있네.
하늘과 땅의 조화는 모두 이와 같고
살아있는 모든 생명과 무수한 세계가 참으로 신묘하네.

春來降雪蓋山野 (춘래강설개산야)
前庭醬缸被白帽 (전정장항피백모)
天地造化悉如此 (천지조화실여차)
衆生塵刹眞神妙 (중생진찰진신묘)

춘설을 바라보며 · 2

望春雪 (망춘설) · 2

해와 달, 무수한 별은 하늘의 조화로 만들어졌고
사계四季의 변화는 하늘과 땅의 기운으로 운행하는 것이네.
세속을 떠나있는 존자尊者의 아름다운 시문詩文을 받아 보고
새봄의 설경雪景을 만나니 감회가 가득하네.

日月星宿造化神 (일월성수조화신)
四季變化運天地 (사계변화운천지)
方外尊者受美文 (방외존자수미문)
新春雪景滿感懷 (신춘설경만감회)

큰 일이 성취된 봄

今春成事
(금춘성사)

진달래와 개나리는 곳곳마다 피어나고
산수유와 벚꽃은 뜰에 가득 피어나네.
일생의 큰 계획이 올봄에 이루어지니
이후以後로는 모든 일이 뜻대로 잘 통하고 이루어지리.

杜鵑連翹處處開 (두견연교처처개)
茱萸櫻花滿庭發 (수유앵화만정발)
一生大計今春成 (일생대계금춘성)
以後萬事亨通達 (이후만사형통달)

▷ 두견杜鵑 : 진달래.
▷ 두견화杜鵑花 : 진달래꽃.
▷ 연교連翹 : 개나리.
▷ 연교화連翹花 : 개나리꽃.
▷ 수유茱萸 : 산수유山茱萸.
▷ 앵화櫻花 : 벚꽃.

통도사 3대 대종사 스님의
광림光臨을 환영하다

通度寺三大大宗師光臨歡迎
(통도사삼대대종사광림환영)

영축총림靈鷲叢林의 전 방장前 方丈이신

원명지종 대종사大宗師 스님과

통도사通度寺의 전 주지前 住持이신

원산도명 대종사大宗師 스님과

동국대학교 전 이사장前 理事長이신

법산경일 대종사大宗師 스님께서

천 리 길도 멀다 하지 않으시고 마하금강사를 찾아 주시어

향기로운 말씀과 덕담德談으로 창건 30주년을 축하해 주셨네.

靈鷲叢林前方丈 (영축총림전방장)
圓明智宗大宗師 (원명지종대종사)
通度寺之前住持 (통도사지전주지)
圓山道明大宗師 (원산도명대종사)
東國大學理事長 (동국대학이사장)
法山鏡日大宗師 (법산경일대종사)
不遠千里到此寺 (불원천리도차사)
香聲德談眞祝賀 (향성덕담진축하)

통도사 안양암에서

於通度寺安養庵
(어통도사안양암)

경치가 매우 뛰어난 곳 안양암安養庵에 이르르니
영축산과 통도사가 소나무 사이로 나타나네.
봄 여름 가을 겨울의 풍광風光이 수려秀麗한 곳에
지금 큰스님이 머무르며 격외格外의 선법禪法을 전하고 있네.

景勝之地安養到 (경승지지안양도)
靈鷲大刹松間現 (영축대찰송간현)
四季風光秀麗處 (사계풍광수려처)
今住高僧格外傳 (금주고승격외전)

▷ 사계四季 : 봄·여름·가을·겨울의 총칭總稱. 사시四時.
▷ 경승지지景勝之地 : 경치景致가 매우 뛰어난 곳.
▷ 영축대찰靈鷲大刹 : 영축산 통도사를 표현함.
▷ 격외선법格外禪法 : 보통普通의 격격格에서 벗어난 참선법.
  말이나 글로서 나타낼 수 있는 이치理致를 초월超越한 선법.
  참선參禪하는 법法. 경經, 논論에 의依하지 않고 조사祖師가 마음에서 마음으로 부처의 심인心印을 전傳하는 법法.

화광선사의 시에 답하다

答和光禪師詩
(답화광선사시)

계룡산 신원사에 화광큰스님이
지난날을 회고하며 일구一句를 보내왔네.
큰스님의 평안과 건강을 지극한 마음으로 축원하고
봄꽃은 만발한 데, 하늘에 노을이 붉게 물드네.

雞龍神元和光師 (계룡신원화광사)
回顧往年一句送 (회고왕년일구송)
尊者安康至心願 (존자안강지심원)
春花爛漫天霞紅 (춘화난만천하홍)

▷ 화광선사의 시 :
　자장동천에 흐르는 물소리는 영원한 진리의 노래요.
　영축산 봉우리 위에 흰구름은 한가롭네.
　慈藏洞川流劫外 (자장동천유겁외)
　鷲山峰上白雲閒 (축산봉상백운한)

▷ 화광선사 : 일생을 참선수행하시는 대선사大禪師이다
　젊어서는 희양산 봉암사 환적암에서 참선하였고,
　지금은 계룡산 신원사에서 수행 전법하고 있다.
　저자가 1981년 봉암사에서 참선할 때 화광선사를 처음 만남.
▷ 자장동천慈藏洞天 : 통도 8경 중의 한 곳.
▷ 동천洞天 : 1. 하늘에 잇닿음. 2. 신선神仙이 사는 곳.
　　　　　 3. 산과 내로 둘러싸인 경치景致 좋은 곳
▷ 천하홍天霞紅 : 하늘천, 노을 하, 붉을 홍

안양동대安養東臺의 인연

安養東臺之因緣
(안양동대지인연)

영축산 안양동대安養東臺에 이르러서
참 좋은 인연불자님과 우연히 만났네.
동해 어촌漁村의 연회宴會에서
담소談笑를 나누며 한 잔 마셨네.
창 밖에 바다의 파도 바라보는데
끝없는 물결소리가 들려오네.
천경심天卿心님과 금담처사金潭處士와 함께
깊어가는 가을 밤에 차를 마시고 돌아왔네.

▷ 안양동대安養東臺 : 안양암, 영축산 통도사 8경八景 중의 한 곳.
▷ 선연善緣 : 좋은 인연.
▷ 해후邂逅 : 만날 해, 만날 후.
▷ 연宴 : 잔치 연, 술자리 연, 베풀 연.
▷ 연회宴會 : 축하, 위로, 환영, 석별惜別 등의 뜻을 표시하기 위하여 여러 사람이 모여 베푸는 잔치.

安養東臺到 (안양동대도)
善緣偶然邂 (선연우연해)
東海漁村宴 (동해어촌연)
談笑中一杯 (담소중일배)
窓外海波眺 (창외해파조)
無盡濤聲來 (무진도성래)
天卿與金潭 (천경여금담)
秋夜喫茶來 (추야끽다래)

▷ 일배一杯 : 한 잔.
▷ 해파海波 : 바다의 파도.
▷ 무진無盡 : 끝이 없음을 이르는 말.(무궁무진의 준말.)
▷ 도성濤聲 : 파도 소리, 물결치는 소리.
▷ 천경심天卿心 : 박천경朴天卿님.
▷ 금담처사金潭處士 : 배병규님으로 안양암 불자佛子임.
▷ 끽다喫茶 : 차를 마심.

섣달 그믐날에　　　　　　　　　臘晦
　　　　　　　　　　　　　　　　(납회)

섣달 그믐날 산촌(山村)에 추위는 물러가지 않고 있고,

설날(구정舊正)의 부엌(주방廚房)에서 바쁜 일은 끝이 없네.

산까치 우는 까닭을 사람들이 알 수 있겠냐마는

새해를 맞이하는 희소식을 이웃 동네에 전(傳)하는 것이리라.

臘晦山村寒不退 (납회산촌한불퇴)

舊正廚房忙無終 (구정주망망무종)

山鵲啼因人不知 (산작제인인부지)

迎新消息傳鄰洞 (영신소식전인동)

세자매를 위하여

爲三姊妹
(위삼자매)

수원水原 백씨白氏의 세자매三姊妹가
푸른 들(골프 필드)로 봄놀이 가니 걸음걸음이 가볍네.
눈썹과 눈이 수려한 여인들로 부부는 더욱 화목하고
날마다 행복하고 대운大運이 들어와 형통하네.

水原白氏三姊妹 (수원백씨삼자매)
春遊綠野步步輕 (춘유녹야보보경)
眉目秀麗夫婦和 (미목수려부부화)
日日吉祥大運亨 (일일길상대운형)

어진 벗을 위하여 爲善友 (위선우)

어진 벗을 만난 것은 일생의 행운이니
달을 품은 천년고찰에서 우연히 좋은 인연을 만났네.
인생에서 가장 아름답고 행복한 순간은 지금 이 순간이니
세상과 청산靑山, 어디에서나 우리는 주인공이라네.

一生幸運遇善友 (일생행운우선우)
含月古刹邂因緣 (함월고찰해인연)
花樣年華今此時 (화양연화금차시)
世與靑山我主演 (세여청산아주연)

월계사에서 노을을 바라보다에 차운하다

次月桂寺晚眺韻
(차월계사만조운)

하늘 가운데 눈썹달은 항아선녀의 얼굴인 듯,
눈 그친 후, 하늘 바라보는 은자는 한가롭네.
지난해 경포에서 놀던 때를 추억하는데
그 때 달이 호수에 비치고 항만에 이르렀지.
옛사람은 하늘의 달을 보고 시부詩賦를 읊조리고
지금 사람은 새해를 맞으며 춤추고 노래하네.
무한 우주와 삼라만상이 나와 한몸이고
본처로의 귀환은 가고 가니 본래 그자리,
이르고 이르니 처음 출발한 그자리로 돌아온 소식이라네.

天中眉月姮娥顔 (천중미월항아안)
雪後眺天雲客閑 (설후조천운객한)
追憶前年鏡浦遊 (추억전년경포유)
月印湖水到港灣 (월인호수도항만)
古人吟詠眞身月 (고인음영진신월)
今人舞詠迎新燦 (금인무영영신찬)
森羅萬象同體我 (삼라만상동체아)
行至消息本處還 (행지소식본처환)

▷ 고려시대의 시인 진화陳澕가 지은 '월계사만조'에 저자가 차운한 시이다.
차운시次韻詩는 타인이 지은 시의 시운詩韻을 써서 시를 짓는 것을 '차운시次韻詩'라고 한다.
▷ 미월眉月 : 눈썹 모양模樣 같이 된 초승달.
▷ 항아姮娥 : 달 속에 있다는 전설傳說 속의 선녀仙女.
▷ 조천眺天 : 하늘을 바라보다.
▷ 운객雲客 : 선인仙人이나 은자隱者를 아름답게 이르는 말.
▷ 경포鏡浦 : 강원도江原道 강릉시江陵市의 동해안東海岸에 있는 석호潟湖.
▷ 석호潟湖 : 사구砂丘·사주砂洲·삼각주三角洲 등等에 의依하여 외해外海와 분리分離되어 생긴 호수湖水.
그 일부一部가 끊기어 바다와 이어지는 경우境遇가 많음.
▷ 월인月印 : 달이 강이나 바다에 도장 찍 듯이 비친 모습.

▷ 항만港灣 : 배가 정박(碇泊·渟泊)하고, 승객乘客이나 화물貨物 따위를 싣거나 부릴 수 있도록 시설施設을 한 구역區域.
▷ 음영吟詠 : 시부詩賦를 읊조림.
▷ 진신월眞身月 : 물에 비친 달이 아닌, 하늘에 있는 달을 말함.
▷ 영신찬迎新燦 : 1. 빛나는 새해를 맞음. 2. 새해를 맞으며 빛나다.
▷ 시부詩賦 : 시詩와 부賦를 아울러 이르는 말.
▷ 무영舞詠 : 춤과 노래.
▷ 行至(행지) : 행행본처行行本處 지지발처至至發處의 줄임말.
가고 가니 본래 그 자리요, 이르고 이르니 처음 출발한 그 자리이네.
▷ 의상대사의 법문法門이다.
▷ 본처本處 : 본디 나서 자라났거나 생산生産되었던 곳.
여기서는 본래의 고향을 의미하며, 본래의 고향은 깨달음의 세계임.

일본 쿄토와 오사카에서 　　　　　於京都及大阪
　　　　　　　　　　　　　　　　　　(어경도급대판)

호동 삼산 천태종,
용응산하 서명사에 참배하였네
약사여래본존불은
금일 모인 대중에게 광명을 주시네

고찰의 시원은 천년을 지나왔고
대기대용 도 높으신 스님의 힘으로
전쟁 화마로부터 성보를 지켰으니
약사유리광불의 가피력이라네

백제사 경내는 봄빛으로 가득하고
후원의 연못에는 물고기 떼 노니네
칠십이명 대중은 다 기쁜 마음이고
봄날 가랑비는 청산을 지나가네

오늘 모인 동참 사부대중이
삼박사일 일본 체류하는 동안
선지관장, 정명종사의 원력을 보고
중창불사, 광도중생 성취하리라.

湖東三山天台宗 (호동삼산천태종)
龍應山下西明寺 (용응산하서명사)
藥師如來本尊佛 (약사여래본존불)
今日會衆光輝射 (금일회중광휘사)

古刹始原歷千年 (고찰연혁역천년)
大機大用道僧力 (대기대용도승력)
戰爭火魔守聖寶 (전쟁화마수성보)
瑠璃光佛加被力 (유리광불가피력)

百濟寺院滿春光 (백제사원만춘광)
後園池塘遊魚群 (후원지당유어군)
七十二名皆歡心 (칠십이명개환심)
春日濛雨過靑山 (춘일몽우과청산)

今會同參四部衆 (금회동참사부중)
三泊四日滯留中 (삼박사일체류중)
善智正命見願力 (선지정명견원력)
成就重創廣度衆 (성취중창광도중)

정초正初기도 발원 　　　　　正初祈禱發願
　　　　　　　　　　　　　　　(정초기도발원)

밤하늘 눈썹달(초승달) 맑아 산뜻하게 미소짓고
노천露天에 돌 부처님은 미소짓고 촛불은 밝게 빛나네.
정초正初의 기도로 마음의 등불이 빛나니
널리 많은 사람에게 이익되고 온 세상이 평화롭기를 바라네.

夜天眉月淸新笑 (야천미월청신소)
露天佛笑燭火明 (노천불소촉화명)
正初祈禱心燈輝 (정초기도심등휘)
普利群生四海平 (보리군생사해평)

지음知音을 만남

相逢知音
(상봉지음)

울산 바다에서 해 떠오르니 동쪽 하늘이 붉게 물들고
푸른 하늘에는 새떼가 아름답게 날아가네.
지음知音과 다시 서로 만나기를 기약하니
입 속에서 감로수甘露水가 한없이 고이네.

日出紅東天 (일출홍동천)
蒼空飛群鳥 (창공비군조)
知音期相逢 (지음기상봉)
口中生甘露 (구중생감로)

청신녀를 위하여　　　　爲淸信女
　　　　　　　　　　　　　(위청신녀)

하늘의 임금님이 벼슬을 내렸는데,
시절인연을 만나 영축산 안양암에 이르렀네.
부처님 진신사리를 친견하니
곧, 지금 자비광명 지혜광명이 나타나네.

天帝下賜卿 (천제하사경)
靈鷲安養來 (영축안양래)
世尊眞身見 (세존진신견)
卽現慈光慧 (즉현자광혜)

▷ 천제天帝 : 하늘의 임금.
▷ 하사下賜 : 왕이나 국가원수 등이 아랫사람에게 금품金品을 줌.
▷ 영축靈鷲 : 여기서는 영축산靈鷲山을 말함.
▷ 안양安養 : 여기서는 안양암安養庵을 말함.
▷ 세존世尊 : 석가세존釋迦世尊, 부처님.
▷ 진신眞身 : 여기서는 진신사리眞身舍利를 말함.
▷ 천경天卿 : 하늘 천, 벼슬 경.
▷ 박천경님 이름의 '천경'에서 즉흥적으로 시상詩想이 떠올라 지음.

저녁 노을이 붉다

夕霞紅
(석하홍)

서산에 저녁 노을은 붉고
새들은 각각 집으로 돌아가네.
소쩍새는 밤새 울어대고
그 절절한 울음이 밤하늘에 이르네.

西山夕霞紅 (서산석하홍)
禽鳥各歸巢 (금조각귀소)
杜魄不眠啼 (두백불면제)
絕鳴夜天到 (절명야천도)

일본 조계종 고려사
윤암 선지스님 관장 추대 헌시

쿄토후 소라구군 미나미 야미시로무라 마을,
도우센보 8번지는 빛나고
수교호징 소케이수(종교법인 조계종)
고라이지(고려사)는 평화롭네.
양봉당陽峯堂 태연대사泰然大師가 고려사를 창건한 이래로
조계종의 사찰로서 세상을 이익되게 함이 가득하네.
만물이 생동하고 벚꽃이 만발한 을사년 4월에
오늘 고려사 도량에는 사부대중이 구름같이 모였네.
구름같이 모인 대중이 윤암 선지스님을 관장으로 추대하니
일본과 한국에서 모인 사부대중은 환희로운 마음 가득하네.
윤암 선지 관장스님은 어린 시절 출가하여
불보종찰이며 부처님 진신사리를 모신 적멸보궁,
영축산 통도사 승가대학을 졸업하고,
희양산 봉암사 등 제방의 선원에서
동안거, 하안거 참선공부 용맹정진을 하여왔네.

日本 曹溪宗 高麗寺
潤巖 善智 宗師 館長 推戴 獻詩
(일본 조계종 고려사 윤암 선지종사 관장추대 헌시)

대구 통천사 주지소임을 맡아서

기도 수행 전법에 신심을 다하였으며,

때로는 수덕사 승가대학과

동화사 승가대학과 대학원 교수로서

후학 양성을위해 강의를 다년간 하여 왔네.

동국대학교 선학과를 졸업하고, 동대학에서

남종南宗의 선사상禪思想 연구로 박사학위를 취득하였고

종통宗通, 설통說通의 대지혜로 대중을 이끌어가고 있네.

어느 때는 법좌法座에 올라 대방광불화엄경을 설하시고

어느 때는 상당上堂하여 조사선祖師禪을 펼쳐 보이시네.

금일 법어에서 진실여여한 불성광명을 밝히고 밝혀 주시니

온갖 꽃이 만발한 봄날 이 자리에 모인 사부대중은

모두 각각 인연따라 금선(金仙, 부처)을 이루어가네.

京都相樂 南山城村 (경도상락 남산성촌)
童仙房華 高麗寺安 (동선방화 고려사안)
泰然大師 創建以來 (태연대사 창건이래)
曹溪宗刹 利世充滿 (조계종찰 이세충만)

乙巳四月 櫻花爛漫 (을사사월 앵화난만)
今日道場 雲集四衆 (금일도량 운집사중)
潤巖善智 館長推戴 (윤암선지 관장추대)
日韓僧俗 歡喜重重 (일한승속 환희중중)

善智館長 幼年出家 (선지관장 유년출가)
東國大學 禪學科卒 (동국대학 선학과졸)
南宗禪學 博士取得 (남종선학 박사취득)
宗通說通 般若統率 (종통설통 반야통솔)

有時法座 說華嚴經 (유시법좌 설화엄경)
有時上堂 宣祖師禪 (유시상당 선조사선)
今日法語 明明佛性 (금일법어 명명불성)
春日會衆 各得金仙 (춘일회중 각득금선)

불청지우不請之友를 위하여   爲不請之友 (위불청지우)

지인知人을 만나기 위해 김포시 카페에 도착해서
세 사람이 자리를 같이 하고 앉아 삼소三笑가 그득하였네.
그 가운데 한 사람은 처음으로 서로 만나 인사를 하고 알게 됐는데
처음 만나 본 인상印象 미소가 참으로 아름다웠네.
맛난 음식과 차를 마시며 나의 한시집漢詩集을 증정하고
끝없는 이야기와 웃음속에 달과 같이 밝은 마음이 서로를 비추었네.
금강반야바라밀경을 공부하며 반야(지혜)를 깨달으니
우주 삼라만상, 일체가 부처님 법이고 일체가 그대로 진리이네.

▷ 불청지우不請之友 :
  청請하지 않았는데도 찾아와 벗이 되어주는 친구.
  진리의 도반道伴. 지음知音의 도반을 뜻하는 말이다.
▷ 반야般若 : 지혜智慧.
  진실여여眞實如如한 자기의 자성自性을 깨달아 나타나는 지혜이다.

爲逢知人到金浦 (위봉지인도김포)
三人同坐滿三笑. (삼인동좌만삼소)
其中一人初相面 (기중일인초상면)
初見印象美微笑 (초견인상미미소)
美食喫茶呈詩集 (미식끽다정시집)
無盡談笑心月照 (무진담소심월조)
金剛經義悟般若 (금강경의오반야)
一切佛法無非道 (일체불법무비도)

▷ 일체불법무비도一切佛法無非道 :
  금강경 제17분 '구경무아분'에 나오는 말이다.
  '여래如來 말씀하시되, 일체법이 모두 부처님 법(진리)이다.'
  '여래설일체법 개시불법如來說一切法皆是佛法'

아침의 단상　　　　　　　　早朝斷想
　　　　　　　　　　　　　　　　(조조단상)

우수도 지났는데 오늘 아침 눈이 내리니
속리산 정상이 은색으로 변해 있네.
이른 아침 멀리 있는 지음知音을 생각하는데
창 밖에 파랑새가 붉은 매화나무에 내려 앉네.

已過雨水今降雪 (이과우수금강설)
俗離山頂銀色蓋 (속리산정은색개)
早朝望遠思知音 (조조망원사지음)
窓外靑鳥下紅梅 (창외청조하홍매)

달밤   月夜
                     (월야)

밤하늘엔 둥근달이 산사山寺를 비추고
천년고찰에 달빛이 그윽하네.
신심 단월(신도)이 구름같이 모여 들고
오직 바람은 모든이가 부처이루는 것이네.

夜天滿月照山寺 (야천만월조산사)
千年古刹幽月光 (천년고찰유월광)
信心檀越如雲集 (신신단월여운집)
唯願衆生成覺皇 (유원중생성각황)

감회 고려사

感懷高麗寺
(감회고려사)

교토부내에 남산성촌 가는 길,
참방參訪하는 도중에 산비탈길 돌고 돌아가네.
대형 버스에 탑승한 사부대중들은
천길 절벽 험한 길, 보자마자 탄성지르네.

울창한 숲속길을 굽이굽이 돌고 돌아가는데
아직도 고려사는 보일 기미가 없네.
오늘 이 불법佛法 인연은 도인과 속인이 하나되고
봄날 가랑비에 우리들 추억은 점점 쌓여만 가네.

태연존사泰然尊師 큰스님의 창건도량,
드디어 성지聖地에 도착하여 대웅전에 예배하였네.
이 자리에 함께한 사부대중은 한마음으로 축원하였고
고려사 제2세 관장 선지스님의 대원大願 성취를 기원하였네.

위령탑과 납골탑묘의 다함없는 영가님들이시여,
영원히 잠드신 영가님들이시여, 부처님 광명가피 함께하소서.
무수한 종사宗師스님들은 간절히 축원하고 또 축원올리네.
시방법계 영가님을 위해 합창단원들 위령의 노래 부르고,
무용수는 일념삼매一念三昧의 춤으로 영령들의 원한을 풀어주네.

京都府內 南山城村 (경도부내 남산성촌)
參訪途中 山徑廻廻 (참방도중 산경회회)
大型車輛 四部大衆 (대형차량 사부대중)
天涯險路 觀卽歎懷 (천애험로 관즉탄회)

鬱蒼山林 曲曲旋回 (울창산림 곡곡선회)
高麗寺刹 不見幾微 (고려사찰 불견기미)
今日法緣 眞俗如一 (금일법연 진속여일)
春日濛雨 漸積感懷 (춘일몽우 점적감회)

泰然尊師 創建道場 (태연존사 창건도량)
遂到聖地 禮大雄殿 (수도성지 예대웅전)
時會大衆 合心祝願 (시회대중 합심축원)
善智管長 成就大願 (선지관장 성취대원)

慰靈塔及 納骨塔墓 (위령탑급 납골탑묘)
永眠靈駕 加被佛願 (영면영가 가피불원)
無數宗師 懇切祝願 (무수종사 간절축원)
慰靈讚歌 禪舞解冤 (위령찬가 선무해원)

갑진년 입춘일 아침에

甲辰年立春之朝
(갑진년입춘지조)

함월산 아래 백양사에
어젯밤 이슬비가 소리 없이 내렸네.
오늘 아침 대웅보전 처마 아래 꽃숲길 걷는데
까치가 지저귀며 내려오니 입춘길일이네.

홍매의 꽃망울마다 구슬같은 이슬 맺히고
가지마다 꽃 피어나고 새 봄이 시작하네.
분홍빛 홍매의 자태는 참으로 예쁘고
꽃속에 황금 수술 꽃냄새(향훈香薰)는 진동하네.

舍月山下白楊寺 (함월산하백양사)
昨夜濛雨無聲下 (작야몽우무성하)
寶殿檐下步花林 (보전첨하보화림)
立春吉日鵲喜下 (입춘길일작희하)

紅梅花峯濕珠雨 (홍매화봉습주우)
枝枝花發始新春 (지지화발시신춘)
粉紅姿態眞麗艶 (분홍자태진여염)
花裏金粉滿香薰 (화리금분만향훈)

경주 아란야선원에서

於慶州阿蘭若禪院
(어경주아란야선원)

홀연히 경주 아란야선원에서 선인仙人을 만났는데
진여불성眞如佛性을 밝혀 주시네.
모인 대중의 얼굴마다 웃음이 가득하고
봄 날 일마다 일마다 신령스럽도다.

忽遇阿蘭仙 (홀우아란선)
眞如佛性明 (진여불성명)
會衆滿面笑 (회중만면소)
春日事事靈 (춘일사사령)

2025년 봄 어느 날,
경주 아란야선원에서 종범사형님을 모시고
수 십명의 승속僧俗이 모여 차담을 나누다가
종범스님께서 '지선스님, 요즈음도 한시를 짓나요?' 라고 물으시면서
명明과 령靈을 운자韻字로 제시하면서 먼저 4언 절구를 즉석에 구술하였는데,

진여불성이 고요하고 고요하여 광명이 빛나니
법계를 모두 비추네.
무량한 세월이 다하도록 영원히 신령스럽도다.

진여불성(眞如佛性)이 적적광명(寂寂光明)이니
보조법계(普照法界)라 진겁장령(塵劫長靈)이로다.
라고 구술해 보이시고 설명하신 후,
'지선스님도 한 번 지어보세요.' 라고 하셨다.
그래서 저자가 위의 '홀우아란선…'의 답시를 즉석에서 구술하였던 것이다.
사형 사제가 한 자리에 모여서 차담을 나누며, 서로 흉금을 터 놓고 한시를
즉석에서 주고 받는 인연이 이루어 졌으니,
참으로 희유한 인연이요, 신령스러운 법담法談이 아니라고 할 수 없다.

▷ 아란선阿蘭仙 : 아란야선원의 신선神仙. 종범스님을 선인仙人에 비유함.
▷ 겁劫 : 천지가 한 번 개벽한 때부터 다음 개벽할 때 까지의 동안이라는 뜻으로 계
   산할 수 없는 무한한 긴 시간을 뜻한다. ↔ 찰나.

대왕암에서 　　　　　　　　　　　　於大王巖
　　　　　　　　　　　　　　　　　　(어대왕암)

대왕암의 흔들리는 출렁다리 위에서
푸른 바다를 바라보니 파도가 아름답네.
청천靑天에 반월은 미소를 머금고 있고
동행한 지음知音과 서로 마음이 통하니 기쁘기 그지 없네.

大王巖之搖動橋 (대왕암지요동교)
一望滄海美波濤 (일망창해미파도)
靑天半月含微笑 (청천반월함미소)
同行知音歡心交 (동행지음환심교)

손녀의 나팔꽃

孫女之金鈴花
(손녀지금령화)

눈 내린 후 하늘이 푸르니 봄날이 가까이 다가오고
얼음 녹은 큰 강에는 산그림자가 아름답게 빛나네.
절 아래 마을에 은거隱居하는 선비가 아름다운 시를 보내왔는데
시 제목이 '손녀딸의 나팔꽃'이라네.

雪後靑天春日近 (설후청천춘일근)
解氷長江山影華 (해빙장강산영화)
寺下隱士送美文 (사하은사송미문)
詩題孫女金鈴花 (시제손녀금령화)

▷ 장강長江 :
  1. 이 글에서는 물줄기가 길고 큰 강江을 의미함.
  2. 중국中國의 양자강揚子江을 말함.
▷ 은사隱士 : 초야草野나 향촌鄕村에 숨어 사는 선비.
▷ 은거隱居 : 세상世上을 피해 숨어 삶.
▷ 금령화金鈴花 : 나팔꽃을 말함.
  나팔꽃이 요령 모양으로 생겨서 금령화라고 함.

'등관작루'에 차운하다   次王之渙登鸛雀樓韻
(차왕지환등관작루운)

해가 지니 하늘 노을 사라지고
산새 울음은 내마음(심금心琴) 울리고 흐르네.
고향 땅의 풍광風光이 눈에 가득 빛나고
옛 누각樓閣에 등불이 환히 빛나네.

落日天霞盡 (낙일천하진)
啼鳥心琴流 (제조심금류)
本地光滿目 (본지광만목)
燈火輝古樓 (등화휘고루)

▷ 등관작루登鸛雀樓 : 중국 당나라 시대 호방한 시풍詩風과 동적動的 묘사로 유명한 왕지환(王之渙. 688~742)의 대표작으로 중국 학생들 사이에서 당시唐詩 순위 중 1위를 차지하고 있다고 한다.
▷ 관작루에 올라서 / 왕지환
　밝은 해는 산을 의지해 지고(넘어 가고)
　황하黃河는 바다로 흘러 들어 가구나
　천리千里를 다 보고자 하여
　다시 누각樓閣을 한 층 더 올라가네.
▷ 登鸛雀樓(등관작루) / 王之渙(왕지환)
　白日依山盡 (백일의산진)
　黃河入海流 (황하입해류)
　欲窮千里目 (욕궁천리목)
　更上一層樓 (갱상일층루)
▷ 천하天霞 : 하늘의 노을.
▷ 본지광本地光 : 본지풍광本地風光 자신이 본디부터 지니고 있는, 천연 그대로의 심성心性, 태어나면서부터 지니고 있는 부처의 성품, 어떠한 미혹도 번뇌도 없는 부처의 경지를 말한다. 천연 그대로서 조금도 인위적인 조작이 섞이지 않은 진실한 모습이다. 본지풍광本地風光은 본래면목本來面目과 같은 말로 근본 마음자리를 말하는 것으로, 티 없고, 한 점 흠 없는 맑은 마음, 성품 자리를 말하는 것이다.
▷ 황하黃河 : 중국中國 북부北部를 서에서 동으로 흐르는 중국中國 제2의 강江.
▷ 관작鸛雀 : 황새 관. 참새 작.

함월산 백양선원에서

於舍月山白楊寺
(어함월산백양선원)

홀로 좌복위에 우뚝한 모양으로 앉아 화두에 일념 집중하니
화두話頭 의심덩어리만 홀로 드러나고 지혜광명 나타나네.
우는 새소리와 풍경風聲소리로 오늘 아침 도량이 활발하고
선당禪堂에 한 줄기 청풍清風이 스스로 불어오고 불어가네.

兀然蒲團擧一念 (올연포단거일념)
疑團獨露放光慧 (의단독로방광혜)
啼鳥磬聲活今朝 (제조경성활금조)
一條清風自往來 (일조청풍자왕래)

▷ 일념一念 : 이 시에서는 화두話頭 일념을 의미한다.
▷ 올연兀然 : 홀로 외롭고 우뚝한 모양模樣.
▷ 포단蒲團 : 솜을 넣고 만들어서 깔고 앉는 방석方席.
　승려僧侶가 좌선坐禪할 때에 쓰기도 함.
▷ 제조啼鳥 : 우는 새. 또는 새의 울음소리.
▷ 풍경風磬 : 처마 끝에 다는 작은 종鐘.
　속에는 붕어 모양模樣의 쇳조각을 달아 바람이 부는 대로 흔들리면서 소리가 난다.
▷ 금조今朝 : 오늘 아침
▷ 일조一條 : 한 줄기. 한 조목條目.

쑥캐는 불자

爲採蓬佛子作詩
(위채봉불자작시)

따뜻한 봄날, 지음知音의 친구와 통도사 시탑전에 도착해서
시탑전의 높은 스님들을 찾아 뵙고 모두가 웃음이 가득하네.
친구와 함께 담장 밖 넓은 들로 나가서 쑥(봉애蓬艾)을 캐다가
스님들 저녁 공양으로 쑥국 끓여 드리니 기쁨의 미소가 그득하네.

暖春知音到塔殿 (난춘지음도탑전)
參訪尊師滿面笑 (참방존사만면소)
牆外平野採蓬艾 (장외평야채봉애)
夕食豉羹充喜笑 (석식시갱충희소)

꿈속의 어린왕자

夢中王子
(몽중왕자)

먼동이 틀 무렵 어린왕자가 대궐 지붕 위에 내려와
우측 손으로 일곱 개의 별(북두칠성)을 쥐고 있네.
좌측 손으로는 고양이 귀를 만지고 있고
하늘에 눈썹달은 미소지으며 속삭이네.

曉旦王子來甍上 (효단왕자래맹상)
右側手內捉七星 (우측수내착칠성)
左側幼手挲猫耳 (좌측유수사묘이)
虛空眉月傳笑聲 (허공미월전소성)

▷ 효단曉旦 : 새벽 효. 아침 단.
　　　　　 먼동이 트려 할 무렵. 새벽을 효단이라 한다.
▷ 맹상甍上 : 용마루 맹. 용마루 위.
▷ 사挲 : 만질 사.
▷ 미월眉月 : 눈썹같이 생긴 초승달.
▷ 소성笑聲 : 웃음소리.

* 꿈속의 일(몽중사(=夢中事)을 시로 옮겼다.
  어린 왕자가 대궐 지붕 위에 서서 오른손으로 하늘의 북두칠성을 잡고 왼손으로는 어린왕자 뒤에 따라온 고양이의 귀를 만지고 있었다.
  새벽 하늘에 눈썹달(초승달)이 어린왕자에게 눈썹말을 전하고 속삭이는 듯 하였다.

봉황구름의 출현

出現鳳凰
(출현봉황)

끝없는 푸른 하늘에 갑자기 봉황구름이 나타나 하늘로 비상하니
불가사의하고 경사스러운 길상吉祥의 징조를 보여주네.
백양사가 울산의 중심 사찰로 자리 잡은 것은 경봉노사의 공덕이고
오늘 손제자가 주지로 부임하니 봉황이 깃들이며 축하해 주네.

無盡靑天現鳳凰 (무진청천현봉황)
不可思議示祥瑞 (불가사의시상서)
白楊一新功老師 (백양일신공노사)
孫弟赴任祝鳳棲 (손제부임축봉서)

▷ 함월산 백양사는 서기 932년 경순왕 6년에 백양선사가 창건하신 천년 고찰이다.
근대에는 경봉대선사가 1929년도에 백양사 주지로 부임해서 사찰을 크게 일신一新하고, 수행, 전법한 공덕으로 울산의 중심 사찰이 되었다.
현대에는 목산지은스님이 주지로 부임하여 16년동안 중창불사를 이룩하여 장엄

한 도량으로 이룩하여 오늘날 울산광역시의 중심 사찰 중의 하나가 되었다. 그리고 산옹스님이 주지 소임을 맡으면서 산신각을 새로 짓고, 용왕단, 우물불사 등을 마쳤다.

▷ 봉황구름 : 저자가 주지 취임식하는 2023년 10월 26일 오전 11시경에 대웅보전과 명부전, 칠성각 사이의 상공에 나타났던 봉황구름을 말한다. 당시에 현장에서 직접 목격한 불자들이 사진을 찍어 봉황구름 사진이 남아있게 되었다. 불보살님의 자비광명 가피로 생각하였다.

백양사 전임주지 산옹스님이 착공한 태화문화센터를 저자가 주지 소임을 맡은지 1년 3개월만에 '(사)태화복합문화공간 만디'로 원만히 준공하였고, 시민을 위한 복합문화공간으로 개관하여 '만디'의 '라이트룸 울산관'에서 데이비드호크니의 웅장한 작품들을 미디어아트 영상으로 유료 상영하고 있다. 그리고 선禪 명상프로그램 등 다양한 문화강좌가 현재 진행되고 있다.

BBS울산 불교방송국이 '만디' 3층에 입주하여 방송 활동 중이며, 조계종 울산사암연합회 불교대학과 사무실이 '만디' 2층에 입주하여 활동 중이다.

신금강 내원사 시선에 차운次韻하다

次新金剛內院寺詩選韻
(차신금강내원사시선운)

신금강산(천성산)의 모습이 참으로 빼어나고 훌륭하니
도인과 속인의 왕래往來가 끊임없어 지팡이도 끝없이 머무네.
부처를 뽑는 선불장選佛場에 일천 성인聖人이 출현하고
높은 하늘에 둥근 달이 신령스런 봉우리에 떠오르네.
다함없는 시냇물 소리 천년 고찰古刹에 메아리치고
한 쌍의 학(쌍학雙鶴)이 날아와 푸른 소나무에 깃드네.
바람소리 새소리는 그대로 겁외劫外의 노래이고
부처와 조사의 심인心印은 새벽 종소리가 전傳하네.

如新金剛秀眞容 (여신금강수진용)
道俗往來不絕筇 (도속왕래부절공)
選佛道場現千聖 (선불도량현천성)
長天滿月出靈峯 (장천만월출영봉)
無盡溪聲響古刹 (무진계성향고찰)
飛來雙鶴棲碧松 (비래쌍학서벽송)
風聲啼鳥劫外歌 (풍성제조겁외가)
佛祖心印傳曉鐘 (불조심인전효종)

▷ 신금강 내원사 시선에 차운次韻하다에 대한 간략한 설명 :

신금강내원사시선 : 이 시선집은 덕민스님 서문에 '경봉선사가 1920년대에 양산 천성산 내원사 주지로 취임하여 신금강개발新金剛開發과 큰 덕화德化를 통도사 대덕스님 위주爲主로 전국의 명현유사名賢儒士들과 운자韻字를 돌려 동참케 해서 지은 171수를 모은 선가禪家에서 보기 드문 율시집律詩集이다.'라고 말하였다.

저자가 2025년 7월 14일에 우연히 이 시선집을 보다가 감동되어 저자도 이 시선집에 동참하는 의미로 차운次韻시를 지어서 '화림산책' 마지막에 수록하여 개정증보판 1쇄로 발행하였다. '신금강내원사시선'은 통도사의 서봉반산 스님이 2024년 봄에 번역해서 '맑은소리맑은나라' 출판사에서 출간하였다.

▷ 도속道俗 : 도인과 속인.
▷ 공筇 : 지팡이 공.
▷ 선불장選佛場 : 부처를 선발選拔하는 수행 도량.
▷ 장천長天 : 높고 멀고 높은 하늘.
▷ 불조佛祖 : 부처님과 조사祖師를 아울러 이르는 말.
▷ 심인心印 : 선가禪家에서 글이나 말에 의依하지 아니한, 불타佛陀 내심의 실증實證을 표현 말이다.
▷ 겁외가劫外歌 : 시간과 공간을 초월한 절대의 세계를 표현한 노래이다.

주로 선종禪宗에서 쓰이는 말이며, 생사·윤회·번뇌의 세계를 초월한 깨달음의 소식을 부르는 노래이다.

겁외劫外는 더 이상 생사의 굴레에 얽매이지 않는 상태이다.

형언할 수 없는, 언어 이전의 진리, 말이나 글로 표현할 수 없는, 직접적인 깨달음의 경지를 표현한 말이다.

부록

- 조조 曹操
- 두보 杜甫
- 이백 李白
- 왕유 王維
- 맹호연 孟浩然
- 한산선사 寒山禪師
- 설도 薛濤
- 한시 漢詩 작법 作法 기초 基礎 약술 略述

횡삭부橫朔賦　　　　　　　　　曹操(조조)

對酒當歌 (대주당가) : 술잔을 대하니 응당 노래가 나오네.
人生幾何 (인생기하) : 인생이란 얼마나 짧은가?
譬如朝露 (비여조로) : 비유컨데 아침 이슬과 같은 것
去日苦多 (거일고다) : 지난날을 회고하니 괴로움 많았네.
慨當以慷 (개당이강) : 슬픔을 당하면 마땅히 강개慷慨하니
憂思難忘 (우사난망) : 걱정하는 생각들 잊기 어렵네.
何以解憂 (하이해우) : 어찌 이 근심을 해결할 수 있을까?
唯有杜康 (유유두강) : 오로지 두강주杜康酒가 있을 뿐이네.
靑靑子衿 (청청자금) : 풋풋하게 젊은(靑靑) 그대들
悠悠我心 (유유아심) : 내 마음에 유유하네.(아득히 먼 모양)
但爲君故 (단위군고) : 다만 그대들 위하는 까닭으로
沈吟至今 (침음지금) : 지금 생각에 잠겨 읊조리네.
呦呦鹿鳴 (유유녹명) : 사슴이 서로 울고 울며
食野之苹 (식야지평) : 들의 풀을 함께 먹네.
我有嘉賓 (아유가빈) : 나를 찾아온 반가운(아름다운) 손님들 있어
鼓瑟吹笙 (고슬취생) : 나는 거문고를 뜯고 생황笙簧을 불리라.

明明如月 (명명여월) : 밝고 밝은 저 달이여!
何時可掇 (하시가철) : 어느 때에 저 달을 얻을 수 있을까.
憂從中來 (우종중래) : 근심이 마음 가운데로부터 따라 나오니
不可斷絶 (불가단절) : 가히 끊을 수가 없네.
越陌度阡 (월맥도천) : 논두렁 넘고 밭두렁 지나온 세월이여
枉用相存 (왕용상존) : 잘못 힘쓴 것도 엄연히 서로 존재하네.
契闊談宴 (계활담연) : 이 연회에서 담소하고 활달히 계합하니
心念舊恩 (심염구은) : 지난날 고마운 은혜가 마음에 생각나네.
月明星稀 (월명성희) : 달은 밝고 별은 드무니
烏鵲南飛 (오작남비) : 까마귀 까치 남으로 날아가네.
繞樹三匝 (요수삼잡) : 나무를 세 번 둘러봐도
何枝可依 (하지가의) : 어느 가지에 가히 의지하랴.
山不厭高 (산불염고) : 산은 높음을 싫어하지 않고
海不厭深 (해불염심) : 바다는 깊음을 싫어하지 않네.
周公吐哺 (주공토포) : 주공이 먹던 음식 내뱉고 손님 만나니
天下歸心 (천하귀심) : 천하 인재들이 마음 바쳐 모였다네.

▷ 주공周公 : 문왕의 아들이자 무왕의 동생. 무왕이 죽자 조카인 성왕을 도와 주周나라의 기초基礎를 다졌다.
▷ 주공토포 천하귀심 : 조조가 나도 주공을 본받아서 천하인 마음을 얻겠다는 다짐이다.
▷ 생황笙簧 : 아악雅樂에 쓰는 관악기管樂器의 하나이다.

강촌江村 　　　　　　　　　　　杜甫(두보)

맑은 강 한 구비 마을을 안고 흐르고

한 여름 강촌 만사가 한가롭다

스스로 갔다 스스로 오는 것이 대들보 위의 제비요

서로 친하고 가까이 하는 것은 물 위의 갈매기(물새)로다

늙은 아내는 종이에 줄그어 바둑판 만들고

어린 아들은 바늘 두들겨 낚시 바늘 만든다.

다병多病한 이 몸 필요한 거라고는 오직 약물뿐

하찮은 이내 몸 이밖에 또 무엇을 구하리오.

淸江一曲抱村流 (청강일곡포촌류)
長夏江村事事幽 (장하강촌사사유)
自去自來梁上燕 (자거자래양상연)
相親相近水中鷗 (상친상근수중구)
老妻畵紙爲棋局 (노처화지위기국)
稚子敲針作釣鉤 (치자고침작조구)
多病所須唯藥物 (다병소수유약물)
微軀此外更何求 (미구차외갱하구)

▷ 두보(712~770) : 자는 자미子美, 양양(襄陽 : 호북성 양번)사람이다. 두말이 필요 없는 당대 최고 시인이고, 그를 일러 중국의 4대 시인 중에 시성詩聖으로 부른다.
▷ 4대四大시인 : 전국시대 초나라의 굴원. 위진 남북조시대의 동진의 도연명. 성당시 이백과 두보를 말한다.

망악望岳　　　　　　　　　　杜甫(두보)

태산은 그 모습이 어떠한가?

제나라와 노나라의 땅을 걸쳐서 가없이 푸르구나.

조물주는 신령하고 빼어난 것을 이곳에 모아 놓았고

산의 양지와 음지는 저녁과 새벽을 나누네.

층층이 생겨나는 구름은 가슴을 탁 트이게 하고,

눈을 크게 뜨고 둥지로 돌아서 들어가는 새를 보네

내 반드시 태산 정상에 올라서서

뭇 산들의 작음을 한 번 굽어보리라.

▷ 태산을 바라보며 정상에 올라가고픈 마음이 생겨나는 청년 두보의 씩씩한 뜻과 기백과 포부를 표현하고 있다. 태산을 올라가지 못하고 멀리 바라보며 지은 시이다. 언젠가는 태산의 정상에 올라 그 아래 작은 산들을 굽어보겠다고 다짐하고 있다.
▷ 악嶽 : 여기서는 동악東嶽 태산泰山을 가리킨다. 이 시는 개원開元 24년(736)에 두보가 제齊·조趙 지방을 유람할 때 지었다. 중국의 태산은 해발 1520여m로 그다지 높지는 않지만, 우리나라의 백두산, 한라산에 해당하는 중국의 상징적인 산이다. 중국의 역대 여러 임금이 봉선封禪의식을 거행한 곳이기도 하다. 이 시는 두보가 멀리서 태산을 바라보며 지은 시이다.
▷ 대종岱宗 : 동악 태산의 별칭으로 오악五嶽의 으뜸이므로 대종岱宗이라 부른다. 지금의 산동성山東省에 있다.
▷ 岱(대) : 대산 대. 태산의 별칭. 宗(종) : 마루. 산마루. 가장 높은 곳.

岱宗夫如何 (대종부여하)

齊魯靑未了 (제노청미요)

造化鍾神秀 (조화종신수)

陰陽割昏曉 (음양할혼효)

盪胸生層雲 (탕흉생층운)

決眥入歸鳥 (결자입귀조)

會當凌絶頂 (회당능절정)

一覽衆山小 (일람중산소)

▷ 제노齊魯 : 제齊나라와 노魯나라, 춘추시대의 두 나라 이름. 태산의 남쪽은 노나라이고, 태산의 북쪽은 제나라이다. 후에 산동성 일대를 제노齊魯라고 칭하였다.
▷ 미요未了 : 마치지 아니하다. 무궁무진.
▷ 조화造化 : 대자연. 자연조화. 자연계의 주재자. 조물주.
▷ 종鍾 : 모을 종.
▷ 조화종신수造化鍾神秀 : 대자연은 신기神奇함과 수려함을 모두 태산에 집중하게 했다는 의미이다.
▷ 음양할혼효陰陽割昏曉 : 음지와 양지는 어두움과 밝음을 갈랐다. 태산은 아주 높고 커서 햇빛이 비치는 곳이 양지가 되고, 햇빛이 비치지 못하는 곳은 음지가 된다.
▷ 탕盪 : 씻을 탕 = 蕩.
▷ 증曾 : 층(層)과 통한다.
▷ 결決 : 터질 결.
▷ 제眥 : 눈초리 제. 흘길 자.
▷ 결제決眥 : 눈시울을 크게 뜨고.
▷ 회당會當 : = 회수會須. 반드시 ~해야 한다.
▷ 회會 : 모름지기. 반드시.
▷ 릉凌 : 오르다.
▷ 절정絶頂 : 최고봉.
▷ 일람중산소一覽衆山小 : 맹자孟子, 「盡心上」, "공자는 동산에 올라서는 노나라가 작다고 여기었고, 태산을 올라서는 천하를 작다고 여겼다(孔子登東山而小魯, 登泰山而小天下)."

술잔을 들고 달에게 묻노라

把酒問月
(파주문월)

李白(이백)

저 푸른 하늘에 달 있는지 그 언제부터던가!
나 이제 술잔 멈추고 달에게 묻노라.
사람은 저 달(명월) 잡으려 해도 잡을 수 없지만,
달은 도리어 사람과 더불어 서로 따르는구나.
날아가는 거울 같은 밝은 달이 붉은 궁궐을 비추고
푸른 연기 걷히니 청명한 빛이 드러나네.
다만 밤에는 바다 위로 솟아오르는 것만 보았는데,
어찌 알았으랴, 새벽에 이르러 구름 사이로 잠기는 것을
달 속에 흰 토끼는 봄에도 가을에도 불로장생의 약방아를 찧고,
항아선녀는 외로이 살며 누구와 이웃 하는가.
지금 사람은 옛 시절의 달을 볼 수 없지만
지금 저 달은 일찍이 옛 사람을 비추고 왔네.
옛 사람도 현재 사람도 모두 유수流水와 같지만,
밝은 달을 보는 것은 모두 이와 같이 똑같네.
오직 바라노니 응당 노래하고 술 마실 때,
달빛이여 황금 술항아리 속까지 오래도록 비추어라.

靑天有月來幾時 (청천유월내기시)
我今停杯一問之 (아금정배일문지)
人攀明月不可得 (인반명월불가득)
月行却與人相隨 (월행각여인상수)
皎如飛鏡臨丹闕 (교여비경임단궐)
綠煙滅盡淸輝發 (녹연멸진청휘발)
但見宵從海上來 (단견소종해상래)
寧知曉向雲間沒 (영지효향운간몰)
白兎擣藥秋復春 (백토도약추부춘)
嫦娥孤棲與誰鄰 (항아고서여수린)
今人不見古時月 (금인불견고시월)
今月曾經照古人 (금월증경조고인)
古人今人若流水 (고인금인약유수)
共看明月皆如此 (공간명월개여차)
唯願當歌對酒時 (유원당가대주시)
月光長照金樽裏 (월광장조금준리)

▷ 반반攀 : 더위잡다(높은 곳에 오르려고 무엇을 끌어 잡다). 무엇을 붙잡고 오르다.
▷ 각却 : 도리어.
▷ 이백李白 : (701~762) 자는 태백太白. 호는 청련거사이사. 두보를 시성詩聖이라 칭하는 데 대하여 시선詩仙으로 일컬어진다.
▷ 교여비경皎如飛鏡 : 날아가는 거울같이 희다. 보름달이 서쪽으로 움직어 가는 것을 형용한 말임.
▷ 비경飛鏡은 '달'을 가리키기도 함.
▷ 단궐丹闕 : 신선이 사는 궁궐. 단청한 궁전.
▷ 녹연綠煙 : 푸른 연기. 아지랑이나 운애雲靉.
▷ 소宵 : 밤.
▷ 영지寧知 : 어찌 알리오.

▷ 백토도약白兔搗藥 : 흰 토끼가 약 방아를 찧음. 달 속에 토끼가 살며 불로장생不老長生의 약을 절구나 방아에 넣어 찧고 있다는 전설이 있음.
▷ 항아姮娥 : 달에 산다는 선녀. 본디 하夏 나라의 명궁인 예羿의 아내로 예가 西王母(서왕모)에게 청해 얻은 불사약을 훔쳐 먹고 달로 도망갔다는 전설.
▷ 증경曾經 : 이전에 지남. 일찍 겪음.
▷ 약유수若流水 : 흐르는 물과 같아 돌아오지 못함의 뜻을 가진 말임.
▷ 당가대주當歌對酒 : 술을 마시며 노래함의 뜻인 대주당가對酒當歌와 유사함.
▷ 대주당가 인생기하對酒當歌 人生幾何
  (술을 마시니 당연히 노래를 하네. 인생이 얼마나 되랴)
▷ 금준金樽 : 황금 술 단지, 술통.
▷ 파주문월把酒問月 : 이백李白이 지은 시詩.

고향소식 : 雜詩(잡시)   王維(왕유)

其一(기일)
우리집은 맹진강가에 있고
문 앞이 바로 맹진 어귀라오.
항상 강남가는 배는 있어
집안 안부를 편지로 묻는다오.

家住孟津河 (가주맹진하)
門對孟津口 (문대맹진구)
常有江南船 (상유강남선)
奇書家中否 (기서가중부)

其二(기이)
그대 고향에서 오셨으니
고향 소식 아시겠지요.
떠나올 때 우리집 비단 창문 앞에
매화가 피었던가요.

君子故鄕來 (군자고향래)
應知故鄕事 (응지고향사)
來日綺窓前 (내일기창전)
寒梅着花未 (한매착화미)

其 三(기삼)

그럼요, 매화는 이미 피었고
새 우는 소리도 들었다오.
걱정스러운 것은 봄풀이
계단 앞까지 자랄 것 같소.

已見寒梅發 (이견한매발)
復聞啼鳥聲 (부문제조성)
愁心視春草 (수심시춘초)
畏向階前生 (외향계전생)

▷ 잡시雜詩 :
  1. 정형에 거리낌 없이 지은 시詩. 제목題目이 없어진 옛 시詩를 편찬編纂할 때 이름 지어 일컫는 말.
  2. 한시의 한 형식으로 오언고시와 같으나 여러 주제가 섞여 있으며, 이 시처럼 3수의 오언절구를 연결 지어 하나의 시를 이루고 있음. 첫 수는 고향생각이 궁금하다는 것이며, 둘째 수는 고향 소식을 묻는 것이고, 셋째 수는 고향 소식이다. 비교적 밝은 내용으로 초기 작품임.
▷ 맹진孟津 : 하남성의 맹진나루. 주周나라 무왕이 제후諸侯들과 회맹會盟한 곳이다.
▷ 기창綺窓 : 비단휘장이 드리워진 창. 여자가 거처하는 방의 창문.

양양으로 돌아가는 맹선생을 보내며
송맹육귀양양送孟六歸襄陽
王維(왕유)

杜門不復出 (두문불부출) 문 닫고 다시 나가지 않으며
久與世情疏 (구여세정소) 오래 세상과 소원했네.
以此爲良策 (이차위양책) (살아보니) 이것도 훌륭한 방편이라서
勸君歸舊廬 (권군귀구려) 선생께 귀향을 권합니다.
醉歌田舍酒 (취가전사주) 시골 술에 취해 노래하고
笑讀古人書 (소독고인서) 즐거이 옛사람들의 책을 읽으며
好是一生事 (호시일생사) 한 평생 그렇게 사는 것도 좋지요.
無勞獻子虛 (무로헌자허) 괜히 자허부子虛賦 같은 건 쓰지 마시고요.

▷ 왕유(왕웨이, 王維, 699년~759년) : 중국 성당盛唐의 시인·화가로서 자는 마힐摩詰이다. 시불詩佛로 추앙 받음.
▷ 맹육孟六은 양양襄陽이 고향인 맹호연孟浩然을 가리킨다.
▷ 자허子虛 : 사마상여司馬相如가 황제에게 올린 자허부子虛賦를 말한다. 중국 왕조에서는 문필가들이 황제에게 시문詩文을 지어 바쳐서 벼슬을 얻는 일이 많았다. 두보도 현종에게 삼대예부三大禮賦를 바치고 벼슬을 받았다고 한다. 그러고 보면 현종이 양귀비만 좋아한 게 아니라, 시문詩文을 보는 안목도 좋았다고 하겠다.
▷ 무로無勞 : "힘들이지 마시라", "헛심 쓰지 마시라"는 후배의 애정 어린 권고이다.

왕유와 헤어지며
유별왕유留別王維
孟浩然(맹호연)

寂寂竟何待 (적적경하대) 쓸쓸하여라, 무엇을 더 기다릴 것인가
朝朝空自歸 (조조공자귀) 아침마다 빈손으로 돌아오네.
欲尋芳草去 (욕심방초거) 수풀을 찾아 떠나려고 하니
惜與故人違 (석여고인위) 그대와 헤어지는 게 서운하네.
當路誰相假 (당로수상가) 권세 가진 누가 도와주겠나.
知音世所稀 (지음세소희) 세상에 알아주는 사람은 희귀하네.
祇應守寂寞 (지응수적막) 오로지 적막함만 지키는 것이 마땅하리.
還掩故園扉 (환엄고원비) 고향에 돌아가 사립문 닫으려네.

▷ 맹호연(孟浩然, 689년~740년)은 중국 당나라의 시인이다. 이름은 호이며, 자는 호연이며 호號는 녹문거사鹿門居士이다. 양양襄陽 사람으로 절개와 의리를 존중하였다. 한때 녹문산鹿門山에 숨어 살면서 시 짓는 일을 매우 즐겼다. 40세 때 장안(지금의 시안)에 나가 시로써 이름을 날리고, 왕유・장구령 등과 사귀었다. 그의 시는 왕유의 시풍과 비슷하며, 도연명의 영향을 받아 5언시에 뛰어났다. 격조 높은 시로 산수의 아름다움을 읊어 왕유와 함께 '산수 시인의 대표자'로 불린다. 맹양양孟襄陽으로도 불리며 저서에 '맹호연집' 4권이 있다.

한산시 寒山詩

이제 내 시(詩)를 읽는 그대들이여!
모름지기 마음속을 깨끗이 하라.
탐욕은 나를 따라 청렴해지리.
아첨은 때를 쫓아 바르게 되리.
휘몰아 모든 악한 업(業)을 없애고
부처님께 돌아가 진성(眞性)을 받자.
오늘 이 생(生)에서 부처 몸 이루기를
빨리 서둘러 꾸물대지 말라.

▷ 이 시(詩)는 한산시(寒山詩)의 서시(序詩)에 해당한다. 자신의 시를 읽는 사람에게 한산(寒山)이 훈계(訓戒)한 시이다.
▷ 간탐(慳貪) : 몹시 탐하고 인색함. 탐욕. 삼독(三毒)의 하나임. 불교에서 탐욕심, 성내는 마음, 어리석은 마음 세 가지를 삼독(三毒)이라 함.
▷ 첨곡(諂曲) : 자기의 지조(志操)를 굽히어 아첨함.

凡讀我詩者 (범독아시자)
心中須護淨 (심중수호정)
慳貪繼日廉 (간탐계일렴)
諂曲登時正 (첨곡등시정)
驅遣除惡業 (구견제악업)
歸依受眞性 (귀의수진성)
今日得佛身 (금일득불신)
急急如律令 (급급여률령)

▷ 급급여율령急急如律令 : 율령律令은 본디 뇌신雷神옆에서 심부름을 하는 매우 발이 빠른 귀신. 이것이 변하여 조서詔書, 격문檄文 등의 신속을 필요로 하는 문서에 상투적으로 사용됨.
▷ 여율령如律令은 본래 한漢 나라 때 지방관청의 문서 중 지체 없이 빨리 처리해야 하는 것을 지시하여 사용한 데서 유래한다. 따라서 이 문구는 지체하지 말고 서두르라는 의미임.

한산시 寒山詩

寒山有一宅 (한산유일택) 한산이 사는 한산에 집 한 채 있는데
宅中無欄隔 (택중무난격) 그 집에는 난간이나 칸막이가 없고
六門左右通 (육문좌우통) 여섯 개의 문은 이리저리 통해서
堂中見天碧 (당중견천벽) 방 안에 누워 그대로 하늘을 보네.

房房虛索索 (방방허색색) 방이라고 하지만 비어있고 허름해서
東壁打西壁 (동벽타서벽) 한쪽 벽이 다른 쪽 벽을 칠 것만 같고
其中一物無 (기중일물무) 방 안에는 아무것도 갖춰진 게 없어서
免被人來惜 (면피인래석) 누가 다녀간다 해도 아쉬울 게 없네.

寒到燒軟火 (한도소연화) 추워지면 밥 짓는 불이나 때고
饑來煮菜吃 (기래자채흘) 배고파도 나물이나 삶아서 먹네.
不學田舍翁 (불학전사옹) 배움 없이 나이 든 농투성이나
廣置牛莊宅 (광치우장택) 농사짓고 소를 치면서 큰집에서 사는 게지.

盡作地獄業 (진작지옥업) 악업이란 악업 모두 짓고서
一入何曾極 (일입하증극) 지옥에서 그 괴로움 어찌 견디려나.
好好善思量 (호호선사량) 부디부디 잘 생각해 보시게나.
思量知軌則 (사량지궤칙) 생각해보면 법이란 걸 알게 될 테니.

한산시 寒山詩

우습구나 한산의 길이여,

수레와 말 자국이 없도다.

겹겹 계곡은 몇 구빈지 알 수 없고,

첩첩 산봉우리는 몇 겹인지 모르겠네.

可笑寒山道 (가소한산도)

而無車馬蹤 (이무거마종)

聯谿難記曲 (연계난기곡)

疊嶂不知重 (첩장부지중)

▷ 한산寒山, 또는 한산자寒山子 : 한산寒山선사禪師는 중국中國 당唐나라 때의 선사禪師이다. 천태산天台山 국청사國淸寺의 풍간 선사豊干禪師와 습득拾得선사禪師와 함께 문수文殊보살의 화신化身이라고 전傳해 온다. 뛰어난 시인詩人이다. 작품作品

천 가지 풀마다 이슬이 맺혀 있고,

한 그루 소나무에는 은은한 소리가 바람결에 흐른다.

이때가 길을 잃어버리는 곳이니,

몸은 그림자에게 어떻게 따라왔느냐고 묻는다.

泣露千般草 (읍로천반초)

吟風一樣松 (음풍일양송)

此時迷徑處 (차시미경처)

形問影何從 (형문영하종)

『한산 시집詩集』이 전해옴. 정확한 생몰연대는 알 수 없고, 당나라 정관(貞觀 : 당 태종의 연호 627~649)년 쯤에 천태산天台山 국청사國淸寺에 살았던 전설적인 선사禪師로 전해온다.

한산시 寒山詩

茅棟野人居 (모동야인거) 띠풀로 이은 집에 야인野人이 사니,
門前車馬疎 (문전거마소) 문 앞에는 수레와 말이 드물다.
林幽偏聚鳥 (임유편취조) 숲이 깊으니 온통 새들이 모여들고,
谿闊本藏魚 (계활본장어) 계곡이 넓으니 본디 고기가 많도다.

山果携兒摘 (산과휴아적) 산과일은 아이를 데리고 따고,
皐田共婦鋤 (고전공부서) 언덕 밭은 아내와 함께 김을 맨다.
家中何所有 (가중하소유) 집에는 무엇이 있는가?
唯有一牀書 (유유일상서) 오직 책상 하나에 책 몇 권뿐이로다.

한산시 寒山詩

人間寒山道 (인문한산도) 사람들은 한산에 오는 길을 묻지만,
寒山路不通 (한산로불통) 한산은 길이 통하지 않는다.
夏天冰未釋 (하천빙미석) 여름에도 얼음이 아직 녹지 않고,
日出霧朦朧 (일출무몽롱) 해가 떠도 안개가 자욱하도다.

似我何由屆 (사아하유계) 나와 비슷하다고 어찌 여기에 이르겠는가,
與君心不同 (여군심부동) 그대와 마음이 같지 않도다.
君心若似我 (군심약사아) 그대 마음이 나와 비슷하다면,
還得到其中 (환득도기중) 어느 새 그 안에 도달해 있으리라.

한산시 寒山詩

一向寒山坐 (일향한산좌) 한결같이 한산에 앉았더니,
淹留三十年 (엄류삼십년) 30년이나 오래 머물렀구나.
昨來訪親友 (작래방친우) 어제 놀러 오던 벗들이,
太半入黃泉 (태반입황천) 태반이 황천에 들었도다.

漸減如殘燭 (점감여잔촉) 타다 남은 촛불처럼 점점 꺼져가니,
長流似逝川 (장류사서천) 도도하게 흐르던 긴 물결이
　　　　　　　　　　　 흡사 흘러간 냇물과 같구나.
今朝對孤影 (금조대고영) 오늘 아침 외로운 그림자를 대하니,
不覺淚雙懸 (불각누쌍현) 모르는 사이에 눈물이 두 눈에 걸렸도다.

한산시 寒山詩

高高峰頂上 (고고봉정상) 높고 높은 봉오리 꼭대기에 올라,
四顧極無邊 (사고극무변) 사방을 둘러보니 끝이 가히 없도다.
獨坐無人知 (독좌무인지) 홀로 앉으니 아는 사람이 없고,
孤月照寒泉 (고월조한천) 외로운 달은 차가운 샘을 비춘다.

泉中且無月 (천중차무월) 샘 속에는 또한 달이 없으니,
月自在青天 (월자재청천) 달은 스스로 하늘에 있도다.
吟此一曲歌 (음차일곡가) 이 노래 한 곡을 읊을지언정,
歌終不是禪 (가종불시선) 노래는 종내 선禪이 아니로다.

한산시 寒山詩

說食終不飽 (설식종불포) 밥을 말한다고 배부르지 않고,
說衣不免寒 (설의불면한) 옷을 말한다고 추위를 면하지 못한다,
飽吃須是飯 (포흘수시반) 먹고 배부른 것은 바로 밥이요,
著衣方免寒 (착의방면한) 옷을 입어야 비로소 추위를 면한다.

不解審思量 (불해심사량) 깊이 생각하지도 않고,
只道求佛難 (지도구불난) 부처 구하기가 어렵다고 말한다.
回心即是佛 (회심즉시불) 마음을 돌리면 바로 부처이니,
莫向外頭看 (막향외두간) 머리를 밖으로 돌려 찾지 말라.

한산시 寒山詩

自古多少聖 (자고다소성) 예부터 모든 성인들이,
叮嚀教自信 (정녕교자신) 부디 스스로 자기를 믿으라고 가르쳤다.
人根性不等 (인근성부등) 사람의 근성이 다 같지 않아,
高下有利鈍 (고하유이둔) 높고 낮음에 따라
　　　　　　　　　　　　날카롭고 둔함이 있도다.

真佛不肯認 (진불불긍인) 참부처를 스스로 깨닫지 못하고,
置功枉受困 (치공왕수곤) 애를 쓰며 헛되이 몸만 피곤하도다.
不知清淨心 (부지청정심) 모르는구나 청정한 마음이,
便是法王印 (변시법왕인) 곧 법왕의 심인心印인 것을.

한산시 寒山詩

一瓶鑄金成 (일병주금성) 한 병은 쇠를 녹여 만들었고,
一瓶埏泥出 (일병연니출) 한 병은 흙을 이겨서 나왔다.
二瓶任君看 (이병임군간) 그대여 두 병을 보라.
那個瓶牢實 (나개병뇌실) 어느 병이 건실한가?

欲知瓶有二 (욕지병유이) 병에 두 가지가 있음을 알고자 하면,
須知業非一 (수지업비일) 반드시 업이 다 같지 않음을
        알아야 하리라.
將此驗生因 (장차험생인) 이것으로 태어나는
        원인을 사실로 증험하면,
修行在今日 (수행재금일) 수행은 오늘 해야 하리라.

한산시 寒山詩

閑自訪高僧 (한자방고승) 한가할 때 내 스스로 고승을 찾았으니,
煙山萬萬層 (연산만만층) 안개가 산을 둘러 만 겹 층을 이루었다.
師親指歸路 (사친지귀로) 스승이 친히 돌아가는 길 가리키니,
月掛一輪燈 (월괘일륜등) 달이 하늘에 걸려 둥근 등불이로다.

閑游華頂上 (한유화정상) 한가하게 천대산 정상을 소요하니,
日朗晝光輝 (일랑주광휘) 해는 밝아 빛이 대낮같이 환하도다.
四顧晴空裏 (사고청공리) 사방을 둘러보니 푸른 창공에,
白雲同鶴飛 (백운동학비) 흰 구름이 학과 함께 날아오른다.

춘망사春望詞　　　　　　　　　　薛濤(설도)

花開不同賞 (화개부동상) : 꽃 피어도 함께 감상할 수 없고
花落不同悲 (화락부동비) : 꽃이 져도 함께 슬퍼할 수 없네
欲問相思處 (욕문상사처) : 서로 그리는 곳을 묻고자 하지만
花開花落時 (화개화락시) : 때맞추어 꽃이 피고 꽃이 진다네.

攬草結同心 (남초결동심) : 풀잎 뜯어 같은 마음 매듭을 지어
將以遺知音 (장이유지음) : 장차 나를 아는 님께 보내려 하네.
春愁正斷絶 (춘수정단절) : 봄 시름은 속절없이 끊겨 버리고
春鳥復哀吟 (춘조부애음) : 봄새들이 다시 와서 애달피 우네.

▷ 설도(薛濤 770-805) : 자字는 홍도洪度, 중당中唐기의 여류 시인이자 기녀妓女. 그의 문학적 재능은 서천절도사西川節度使 무원형武元衡이 그를 校書郞[교서랑]에 천거한 사실에서 짐작해 볼 수 있다. 물론 황제는 그가 여자이고 악기樂妓라는 이유로 추천을 받아들이지 않았다. 하지만 사람들은 설도를 여교서女校書라 부르며 그에

風花日將老 (풍화일장로) : 바람결에 꽃잎들은 날로 시들고
佳期猶渺渺 (가기유묘묘) : 맺어질 날 아득하게 멀어만 가네.
不結同心人 (불결동심인) : 그대와는 한 마음을 맺지 못하고
空結同心草 (공결동심초) : 부질없이 동심초만 맺고 있다네.

那堪花滿枝 (나감화만지) : 어찌하나 가지 가득 피어난 저 꽃
煩作兩相思 (번작량상사) : 괴로워라 서로 서로 그리워하네.
玉箸垂朝鏡 (옥저수조경) : 아침 거울 흘러내린 옥 같은 눈물
春風知不知 (춘풍지부지) : 봄바람아 네 아느냐 모르고 있나.

대한 존경심을 감추지 않았다. 이로부터 교서校書는 사람들로부터 존경받는 창기娼妓의 대명사가 되었다. 그가 죽자 검남절도사劍南節度使 단문창段文昌이 서천여교서설도홍도지묘西川女校書薛濤洪度之墓라는 묘비명을 썼다고 전해온다.

한시漢詩 작법作法의 기본基本 간략簡略한 정리

1. 한시漢詩 작법作法은 기본基本 원칙原則에 따라 운韻과 대구對句와 정情과 경景 등을 맞추어 한시漢詩를 짓는 것이다.

2. 한시 작법作法은 대구對句와 운韻, 그리고 정情, 경景을 맞추어 짓는다.

3. 운韻 : 운韻은 정해진 규칙에 따라 끝 글자(字)를 같은 운韻으로 맞추는 것이다.

4. 대구對句 : 대對를 맞춘 시詩의 글귀(-句). 나란히 짝 맞춰 표현表現한 어격語格이나 의미意味가 상대相對되는 둘 이상以上의 구句, 한문漢文, 한시漢詩를 비롯하여 시가詩歌 문장文章에 많이 쓰임.

5. 경景은 눈에 보이는 경치, 풍경, 사물, 객관 대상을 말함.

6. 정情은 시인의 주관적 관념, 정서, 감정, 생각, 기분, 정취 등을 의미함.

7. 7언율시律詩에서는 8구 가운데 1구, 2구, 4구, 6구, 8구가 운韻이다.

8. 1구, 2구, 4구가 운韻 맞추기의 정형구定型句이다.

9. 1구, 2구, 4구 운韻 맞추기에서 1구의 운韻 맞추기를 생략하기도 한다.

10. 7언율시律詩에서는 2연(3구, 4구)과 3연(5구, 6구)이 대구對句를 꼭 이뤄야 한다.

11. 5언율시律詩에서는 2구, 4구, 6구, 8구가 운韻이다.

12. 한시漢詩에서 연聯은 1구와 2구를 합쳐서 '1연一聯'이라고 한다.

◆ **율시律詩는 4연四聯 8구八句로 이뤄진 시이다.**

13. 절구絶句 : 한시漢詩의 근체시近體詩의 하나. 기起 승承 전轉 결結의 제 구句로 되어 있음.
    중국中國 육조六朝의 악부樂府에서 비롯하여 당唐나라 때에 정형화定型化 되었는데, 오언절구五言絶句와 칠언절구七言絶句의 두 종류種類가 있음.

14. 근체시近體詩 : 형식에 엄격한 규칙이 있는 한시, 율시律詩와 절구絶句를 일컬음. 금체시今體詩라고도 한다.
    ① 절구絶句 : 4행시 - 오언절구,
    ② 율시律詩 : 8행시 - 5언율시, 7언율시
    ③ 배율排律 : 12행 이상 - 오언배율, 칠언배율

15. 고체시古體詩 : 글자와 글귀(一句)의 일정一定한 수가 없고, 운韻을 달기도 하고 아니 달기도 하여 정定한 법칙法則이 없는 옛날 체體의 한시漢詩를 말함.

16. 금체시今體詩 : 구수句數, 자수字數, 평측平仄 등에 대한 엄격嚴格한 규칙規則이 있는 한시漢詩를 말함.

17. 오언절구五言絶句 : 한 구句가 다섯 글자로 된 절구絶句.

18. 칠언절구七言絶句 : 한 구句가 일곱 글자로 된 절구絶句.

19. 5언율시나 7언율시에서는 2연二聯이 경景이면 3연三聯은 정情으로 맞춘다.

20. 2연二聯이 정情이면, 3연三聯은 경景으로 맞춘다.

21. 5언절구絶句, 7언절구絶句에서 대구對句는 1구, 2구 또는 3구, 4구이다.

22. 5언절구五言絶句, 7언절구七言絶句에서 대구對句는 1구, 2구 또는 3구, 4구를 대구對句로 꼭 맞춘다.

23. 5언절구五言絶句, 7언절구七言絶句에서 운韻은 1구, 2구, 4구 또는 2구, 4구에 운韻을 맞춘다.